D1867651

Kaiser Traktate

Rudolf Bohren

Vom Heiligen Geist

Fünf Betrachtungen

Chr. Kaiser

CIP-Kurztitelaufnahme der Deutschen Bibliothek

Bohren, Rudolf:
Vom heiligen Geist : 5 Betrachtungen /
Rudolf Bohren. – München: Kaiser 1981.
(Kaiser Traktate; 57)
ISBN 3-459-01347-8

Umschlag: Ingeborg Geith, München.
Gesamtherstellung: Georg Wagner, Nördlingen.

Inhalt

Vorwort

> Als Fragment erscheint das Unvollkommene noch am Erträglichsten – und also ist diese Form der Mittheilung dem zu empfehlen, der noch nicht im Ganzen fertig ist – und doch einzelne Merckwürdige Ansichten zu geben hat.
>
> Novalis

Aus den zu Beginn des Jahres 1979 in Ostasien gehaltenen Vorlesungen wähle ich hier drei aus, die in ihrer Thematik – zusammen mit den zwei Predigten – eine gewisse Einheit bilden. Über die Situation, in der die Vorlesungen gehalten wurden, gibt die »Liebeserklärung an Fernost« Auskunft.

Beim Redigieren der Vorlesungen stieß ich auf den Aufsatz von M. Douglas Meeks, Gott und die Ökonomie des Heiligen Geistes (EvTh 40, 1980, 40 ff), der in faszinierender Weise der kapitalistischen wie der sozialistischen Überzeugung, »daß nicht genug für alle da sei«, den tollen Kirchenglauben gegenüberstellt, »daß Gott, der Heilige Geist, uns alles geben will und gibt, was alle Menschen und die ganze Schöpfung zum Leben nötig haben. Obwohl es der Welt als ein unglaublicher Skandal erscheinen mag, wird die Kirche mit Paulus sagen: ›Welcher auch seines eigenen Sohnes nicht hat verschonet, sondern hat ihn für uns alle dahingegeben, wie sollte er uns mit ihm nicht alles schenken?‹ (Röm 8,32). Die frühere Kirche sprach von der Gegenwart des Heiligen Geistes immer in Superlativen, in einer Sprache der Fülle und Überfülle« (51f).

Ich notiere diese Sätze im Blick nicht nur auf das »beinahe ununterbrochene Liebesmahl« in Fernost, nicht nur im Blick auf die beiden Predigten, deren – wie soll ich sagen – Überschwang mich beim Wiederlesen zuerst fast genierte, sondern vor allem auch im Bewußtsein der Differenz zwischen einer biblischen Sprache der Fülle und den

Defekten der Gegenwart, in der unsereiner »noch nicht im ganzen fertig ist«. Die Predigt über die Wiedergeburt begleitete mich nach Japan, in der über »Sehen und Hören« begleitete mich der Osten auf die Kanzel der Heidelberger Peterskirche.

Die Vorträge sind bereits zusammen mit einem Bericht über ein theologisches Gespräch (vgl. »Liebeserklärung an Fernost«, 1980, 191 ff.) in japanischer Sprache publiziert worden. Das »Generationenproblem« wurde außerdem ins Koreanische übersetzt. »Seelsorge als Wahrnehmung« ist bereits im »Amtsblatt der Evangelisch-Lutherischen Kirche in Thüringen 33 (1980) 156–163« veröffentlicht.
Für das Lesen der Korrekturen und die Nachprüfung der Zitate danke ich Elke Haller, Friedhelm Maurer und Rainer Monz.

Dossenheim, im Herbst 1980 Rudolf Bohren

Das pneumatologische Denken

In den johanneischen Abschiedsreden kündigt Jesus »einen andern Tröster« an (14,16f) und unterscheidet den Geist von seiner eigenen Person. Er selbst tritt als Vorläufer auf und verhält sich zum Kommen des Geistes wie Johannes der Täufer zu seinem eigenen Kommen. Er macht jenem anderen Platz, während jener andere wiederum sein Platzhalter auf Erden wird, der sein Wort in der Erinnerung wachhält, das Zukünftige anzeigt, ihn bezeugt und verherrlicht. Christus kommt und geht als Wegbereiter des Geistes, und der Geist kommt als Offenbarer des Christus. Einer kommt für den anderen, einer kommt nach dem anderen. – Durch die Zeit voneinander getrennt, kommen sie füreinander: Der Heilige Geist ist Jesu Abschiedsgeschenk an die Jünger und der Garant für seine Wiederkunft. Jesus geht und schickt an seiner Stelle den Geist. Pneumatologisches Denken muß sich vom *christologischen* unterscheiden in ähnlicher Weise, wie Jesus den Parakleten von sich unterscheidet, sonst wird es dem Geist nicht gerecht. Weil die Unterscheidung Jesu in Joh 14,16f keine absolute ist, darum hat die dogmatische Tradition, die den Geist im Denkmodell der Christologie denkt, zwar ihr gutes Recht, reicht aber nicht aus, weil sie die Differenz von Erfahrung offensichtlich nicht beachtet, die Jesu Unterscheidung eröffnet. Dieses Denken muß dem Pneuma entsprechen und darf das Pneuma nicht zum Objekt machen; denn damit würde es die Möglichkeit verlieren, das Pneuma in Tat und Wahrheit zu denken – wie ja auch das christologische Denken dem Auferstandenen entsprechen muß. Im pneumatologischen Denken – und das ist das große Problem auch dieser Denkweise – muß das Pneuma Subjekt bleiben, muß das Subjekt des Denkenden mit dem Subjekt des Heiligen Geistes überein- und zusammenstimmen. Allein in dem Überein- und Zusammenstimmen der beiden Subjekte liegt die Kraft pneumatologischen Denkens. – Wir können das

Unverwaiste, die Überein- und Zusammenstimmung der Subjekte »Glauben« nennen und sagen: pneumatologisches Denken muß untrennbar mit dem Glauben an den Heiligen Geist verknüpft, es muß geistliches Denken sein, während das christologische Denken unmittelbar mit dem Glauben an Jesus Christus verknüpft, also dem Christus Jesus gemäßes Denken sein muß. Indem weder pneumatologisches noch christologisches Denken von ihrem Gegenstand zu trennen sind und indem Christus selbst zwischen sich und dem anderen Tröster unterscheidet, werden die Wege pneumatologischen und christologischen Denkens je verschieden und je verwandt oder parallel erscheinen.

Gerade indem pneumatologisches Denken nicht vom Pneuma abstrahieren darf, sondern nur in der Partnerschaft des Geistes und in der Unterordnung unter den wahren Geist denken kann, unterscheidet es sich vom christologischen Denken, eben weil es von jenem »andern Tröster« auf den Weg geschickt wird und zu jenem »andern Tröster« hin denkt und im Medium jenes »andern« denkfähig wird. Pneumatologisches Denken verhält sich zum christologischen nicht alternativ, sondern komplementär; es ergänzt das christologische Denken, fügt dem Stückwerk christologischen Denkens seinen Aspekt hinzu. Es denkt das Lob der Christologie, insofern diese mit Christus zusammenhängt, und bildet deren Krisis, insofern sie ein menschliches Denken ist, wohl wissend, daß es selbst des Lobes und der Kritik bedarf. Im Lob und in der Kritik christologischen Denkens will es diesem nicht Konkurrenz machen, will es auf keinen Fall die Christologie in den Schatten stellen, sondern will sie vielmehr ins rechte Licht rücken. Pneumatologisches Denken ist auf das christologische bezogen, setzt das christologische Denken voraus: es ist ein Denken im Nehmen. Gott hat gesprochen im Schöpfungswort. Er hat gelitten im Sohn, und jetzt ist die Zeit seines Schenkens unbegrenzt (vgl. Oepke Noordmans, Das Evangelium des Geistes, 1960, 39). Geistliches Denken hat sein Wesen im Empfangen.

Pneumatologisches Denken muß sich unterscheiden erst recht von dem gängigen *wissenschaftlichen* Denken, nicht zuletzt um der Wissenschaft selbst willen; es ist ein Denken nicht jenseits der Wissenschaft, sondern in kritischer Durchdringung aller Wissenschaft. Der Säkularisationsprozeß im abendländischen Denken ist mittlerweile so weit fortgeschritten, daß unser Überleben in Frage steht; und damit wird alle Wissenschaftsgläubigkeit zutiefst suspekt und Selbstkritik wird zur vordringlichsten Aufgabe der Wissenschaft. Wird eingesehen, daß die Verwissenschaftlichung der Welt heute im Begriffe steht, zur Vernichtung von Gottes guter Schöpfung zu führen, muß Wissenschaftskritik zu einer primären Aufgabe pneumatologischen Denkens werden, solange die Wissenschaft noch zu unkritisch denkt gegenüber sich selber. – Pneumatologisches Denken muß stellvertretend für die Wissenschaft eintreten zunächst in der Theologie selbst! Es wäre aber auch einmal zu untersuchen, inwieweit die Herrschaft der Physik und damit der Naturwissenschaft und Technik, die unsere Kultur prägt, nicht eine Art Abfallprodukt eines verengten christologischen Denkens darstellt, das Gott und die Seele dachte und sonst nichts, das über dem Erlöser den Schöpfer und Vollender vergaß. Die Ausplünderung und Zerstörung der guten Schöpfung betraf das Bekenntnis gläubiger Christen in der Regel nicht. Man las das Neue Testament und allenfalls die Psalmen, während das Alte Testament im besten Fall als Beispielsammlung erbaulich zurechtgebogener Geschichten gebraucht wurde. Mit dieser Art des Bibellesens entledigte man sich gewissermaßen der Verantwortung für die Erde. Indem der Glaube auf sein Jenseits sich fixierte, geriet der Schöpfungsauftrag »Machet euch die Erde untertan« außer Kontrolle. Vermutlich wurde die Säkularisierung nur möglich, weil das Denken des Glaubens die Schöpfung sich selbst überließ und sie nicht im Horizont der Gegenwart und Zukunft Christi wahrzunehmen vermochte. Die Säkularisierung wäre demnach eine uneheliche Tochter einer schmalbrüstigen Christologie und eine Quittung für eine mangelnde Wahrnehmung des lebendigen Gottes.

Neuerdings macht *M. Douglas Meeks* auf den »Konflikt zwischen der Ökonomie des Heiligen Geistes und dem ökonomischen Ethos unserer

Gesellschaft« aufmerksam. »Es ist der Widerspruch zwischen dem Mangel und dem, was das Neue Testament das *pleroma* oder die Fülle von Gottes Segnungen und Gaben im Heiligen Geist nennt. Eine allgemein anerkannte Definition der Ökonomie besagt, daß Ökonomie ›die Kunst sei, knappe Güter angesichts konkurrierender Ansprüche zu verteilen‹. Die grundlegendste Voraussetzung der Ökonomie im Westen ist die Annahme, daß die Dinge knapp seien, die man für ein menschliches Leben braucht. Ich meine aber, daß ein trinitarisches Verständnis und Erleben des Heiligen Geistes uns dazu führen kann, das ganze Unternehmen der Ökonomie auf dieser Grundlage in Frage zu stellen« (EvTh 40, 1980, 51). Ich schließe mich dieser Meinung an.

Anders als vom christologischen ist pneumatologisches Denken vom wissenschaftlichen zu unterscheiden. Wir sahen schon: es muß heute wissenschaftskritisch sein. Es wird aber nicht wissenschaftsfeindlich sein. So wie Israel z. B. die Weisheit und Poesie Ägyptens aufnimmt und umbildet, so werden wir damit ernst machen, daß der Heilige Geist auf verborgene Weise heute in Kunst und Wissenschaft Gutes und Schönes wirkt, das wir zu ehren haben, gerade im Prozeß einer kritischen Sichtung. Allerdings legt die neueste Wissenschaftskritik die Vermutung nahe, die Theologie habe sich seit der Aufklärung zur Wissenschaft allzu naiv und kindergläubig verhalten. In der Entwicklung der Wissenschaftsgeschichte hat das säkularisierte Denken seinerseits die Theologie beeinflußt, vielleicht am meisten durch die Einführung säkularer Methoden in die Theologie. Ich nenne die Aufnahme der historisch-kritischen Methodik in der Exegese, die Aufnahme der Humanwissenschaften in der Praktischen Theologie, wobei man sich weder im einen noch im anderen Fall kritische Rechenschaft gab darüber, was solche Importe theologisch bedeuteten. Damit nimmt die Theologie teil an der Grundlagenkrise der Wissenschaft, was sich darin ausdrückt, daß sie kaum mehr in der Lage ist, Gott wahrzunehmen, daß ihre Sprachlosigkeit proportional mit ihrer Wortgewandtheit wächst.

Die traditionelle Pneumatologie blieb vom Generationenschicksal der Theologie nicht unbetroffen. Sie verharrte bisher weithin im Denkmodell der Christologie, beachtete nicht, daß der »andere Tröster« das Denken auf seinen Weg

schickt; damit blieb die Pneumatologie für die Praxis mehr oder weniger irrelevant.
Sie mußte irrelevant bleiben, wurde man ihr selbst ja nicht gerecht! Eine Pneumatologie im Denkmodell der Christologie vermochte wenig Innovation zu bringen, da sie das christologische Denken nur schlecht ergänzte und es in einem gewissen Defizit beließ. – Hier wird langsam deutlich, daß pneumatologisches Denken in Ausrichtung auf das Pneuma auch eine unterschiedliche Modalität der theologischen Arbeit meint. Pneumatologisches Denken geht aus von dem Christus heute querweltein in den Morgen. Es kann nur in der Verbindung mit seinem Ausgang fortschreiten. Ihm ist das Denken »über« verwehrt, es denkt »in«, in der Gegenwart des Geistes, in dem Freiraum, den der Geist gewährt. Wollte es »über« den Geist nachdenken, liefe es Gefahr, sich über den Geist zu erheben und ihn zu verlieren. Nicht vor dem Forum der Wissenschaft primär hat es sich zu verantworten, sondern vor dem Forum, dem alle Wissenschaft sich zu verantworten hat, vor dem lebendigen Geist in Person.
Die Frage drängt sich auf, was denn heute zu einem pneumatologischen Denken nötige. – Die Aktualität dieses Denkens ist von zwei Seiten her zu begründen:
Zuerst von der *Verheißung des Geistes* her: Jesus hat den »andern Tröster« verheißen. Seine Verheißung nötigt uns, die uns versprochene Gabe zu bedenken. Der Geist ist uns versprochen und schon da. Wir verachten die höchste Gabe Gottes, wenn wir an sie kaum einen Gedanken verschwenden. Wir denken an der entscheidenden Wirklichkeit der Welt vorbei, wenn wir von ihm abstrahieren. Wir sind zu pneumatologischem Denken genötigt, weil der Geist die Gabe Gottes an uns ist, und weil Gott als Gabe in unserem Geist geistet. Ich spreche über das pneumatologische Denken, weil ich glaube, daß Gott uns heute seinen Geist neu schenken will. Das ist die erste Nötigung, heute pneumatologisch zu denken.
Die zweite ist darin begründet, daß *der Heilige Geist als Gabe den Beschenkten und seine Lage berücksichtigt.* Wo der Heidelberger Katechismus fragt: »Was glaubst du vom

Heiligen Geist?«, antwortet er mit einer Doppelaussage: »Erstlich, daß er gleich ewiger Gott mit dem Vater und dem Sohn ist.« Diese trinitarische Aussage wird sofort anthropologisch ergänzt: »Zum andern, daß er auch mir gegeben ist« (Frage 53). Man kann vom Heidelberger Katechismus her sagen, daß der einzelne in der gegenwärtigen Krisenzeit in besonderer Weise der Vergewisserung bedarf: »daß er auch mir gegeben ist«. Die Einzelheit des einzelnen ist heute gefährdet durch die Urbanisierung der Welt nicht nur, sondern vor allem durch den globalen Zukunftsschock.

Wir werden diesem Aspekt des einzelnen unsere Aufmerksamkeit zuwenden müssen. Wir werden fragen müssen, was pneumatologisches Denken für die Psychologie bedeutet. So wichtig und richtig eine solche Begründung der Notwendigkeit pneumatologischen Denkens gerade heute auch ist, so bleibt sie insofern unbefriedigend, als sie einem protestantischen Subjektivismus Vorschub leistet, der angesichts der ökologischen Krise antiquiert erscheint. – Bei schönem Wetter sehe ich von meinem Studierzimmer aus den Turm eines Atomkraftwerkes, der als Mahnmal in den Himmel zeigt. Der Geist des Gottes, der will, daß allen Menschen geholfen werde, macht aller geistlichen Selbstgenügsamkeit ein Ende. Ich kann mich nicht damit zufrieden geben, für mich selbst den Geist als Gabe zu empfangen, wenn ich sehe, daß die Menschheit, besessen vom unheiligen Geist, sich selbst kaputt zu machen im Begriffe steht. Pneumatologisches Denken kann nicht beim einzelnen Menschen stehenbleiben, es muß zur Menschheit fortschreiten. Es kann sich nicht mit einer individuellen Zuteilung begnügen, es muß auf der Zuteilung des Geistes an alle Glieder der Gemeinde insistieren, weil es im Horizont der ganzen Schöpfung denkt.

In anthropologischer Hinsicht nötigt ein Dreifaches zu pneumatologischem Denken: Ich kann erstens als Individuum in den gegenwärtigen Zeitläuften geistlos nicht bestehen. Ein geistloser Christ ist ein Unchrist. – Wir können zweitens als Gemeinde ohne Geist und also ohne pneumatologisches Denken nur dahinkränkeln und sterben. Die Gemeinde leidet an ihren Unchristen. – Wir können drittens

als Menschheit heute die Zukunft nicht bestehen, wenn wir nicht lernen, pneumatologisch zu denken, wenn nicht ein neuer Geist die Menschen verändert.
Die Stunde des pneumatologischen Denkens ist gekommen, es ist Zeit, das pneumatologische Denken zu lernen, weil Gott uns beschenken will und beschenkt. Wir gehen an unserer Geistesdummheit zugrunde, wenn wir nicht wahrnehmen, wer er ist, was er gibt und was er will.

Als von Japan die Einladung kam, über das pneumatologische Denken zu sprechen, fiel mir das Buch des Physikers *A. M. Klaus Müller* in die Hände: »Wende der Wahrnehmung. Erwägungen zur Grundlagenkrise in Physik, Medizin, Pädagogik und Theologie«, 1978. In diesem Buch geht Müller – wie in einem früheren Werk – davon aus, »daß die Überlebenskrise, in welche die Menschheit in diesen Jahrzehnten unwiderruflich eintritt, eine Wahrnehmungskrise ist. Jede Kultur verdankt sich historisch einer bestimmten Präparierung der Wahrnehmung. Wir werden die heute weltweit aufbrechende humanökologische Herausforderung nur bestehen können, wenn wir in neue Dimensionen der Wahrnehmung eintreten, die der ›oikos‹ Zeit für uns bereithält« (9).

Der Physiker macht eine prophetische Aussage: wir treten in eine Überlebenskrise ein. Die Frage, ob wir überleben, stellt sich von Jahr zu Jahr dringlicher, auch wenn wir Theologen geneigt sind, diese Frage als Panikmache beiseitezuschieben. Müller gibt dieser Krise, von der wir alle irgendwie eine Ahnung haben, auch wenn wir keine Atomphysiker sind, eine Deutung. Er deutet sie als Krise der Wahrnehmung, und diese Krise der Wahrnehmung betrifft das Haus aller Wissenschaften, auch das der Theologie. – Müller postuliert darum das Eintreten in neue Dimensionen der Wahrnehmung. Und wenn ich als Theologe das Postulat des Physikers aufnehme, möchte ich sagen, daß der Eintritt in diese neuen Dimensionen der Wahrnehmung im letzten Grund eins ist mit dem Eintritt in pneumatologisches Denken. Ich glaube, wir werden die humanökologische Herausforderung nur bestehen, wenn uns der Beistand beisteht, wenn uns die Gegenwart des Geistes Wahrnehmung ermöglicht. Wir sind vis-à-vis der Umweltkrise verkauft und verloren, wenn wir nicht Gott als den Schöpfer und Vollender neu wahrzunehmen vermögen.
Pneumatologisches Denken heißt dann: Ich nehme die Welt

wahr in der Gegenwart des Heiligen Geistes. Und das heißt, das Präparat meiner Wahrnehmung darf nicht von der Geistesgegenwart abstrahieren. Im Gegenteil: sie bestimmt, sie präpariert meine Wahrnehmung. Ich nehme die Welt wahr »im« Heiligen Geist. Der Geist bildet den Raum meiner Wahrnehmung.

Die Differenz zwischen Jesus Christus und dem »andern Tröster« ist nicht nur zeitlich, sondern auch räumlich: geht er nach seiner Auferstehung durch verschlossene Türen, so erfüllt er im Kommen des Geistes den Ort und an diesem Ort die Anwesenden. Vom irdischen Jesus konnte man so nicht reden: er kehrt ein oder geht vorüber. Der Heilige Geist weht und erfüllt, er umgibt und durchdringt und qualifiziert damit meine Wahrnehmung, hoffentlich. Das Kommen Jesu signalisiert die Okkupation der Zeit. Wir zählen vor und nach Christi Geburt. Das Kommen des Geistes signalisiert die Okkupation des Raumes, eines Ortes in Jerusalem zunächst und aller Orte dann, wenn Gott alles in allem sein wird.

Damit ist die Zukunft angedeutet, zu der pneumatologisches Denken unterwegs ist, in der pneumatologisches Denken auch unsere Gegenwart zu entdecken versucht. In diesem Horizont ist denn auch die primäre Aufgabe des pneumatologischen Denkens umschrieben, die Zeit zu verstehen und den zu erkennen, der schon im Raume ist und in neuer Gestalt kommen wird.

Das pneumatologische Denken führt die Christologie ins Fleisch der Gegenwart. Damit ist eine Differenzierung zwischen pneumatologischem und christologischem Denken im Kern schon angedeutet, dessen unterschiedliche Struktur aber noch nicht erhellt.

Ich sage Zeit und sage Raum und bringe beides in Zusammenhang mit dem Unterschied zwischen christologischem und pneumatologischem Denken. Hinsichtlich der Zeit kann man sich den Unterschied klarmachen, wenn man ein Buch wie *Oscar Cullmanns* »Christus und die Zeit« (1946) sich vornimmt und sich daneben ein zweites Buch vorstellt: »Der Heilige Geist und die Zeit.« Es ist nicht wahrscheinlich, daß ein Exeget ein solches Buch hätte schreiben können. – Nehmen wir aber einmal an, Cullmann hätte ein solches Buch geschrieben, so braucht es wenig Phantasie sich vorzustellen, daß ein solches Buch einen ganz anderen Charakter haben würde als

»Christus und die Zeit«. Cullmann spricht von der »fortlaufenden Heilslinie«, stellt die »lineare Zeitauffassung der biblischen Offenbarungsgeschichte« der »zyklischen des Hellenismus« gegenüber. – Das Werk hat in der Ökumene starke Beachtung gefunden und im deutschen Sprachraum viel Widerspruch erfahren.
In seinem späteren Werk »Heil als Geschichte« (1965) sieht sich Cullmann genötigt, von einer »*Wellenlinie*« zu sprechen (IX). Es gehört »geradezu zum *Wesen* der biblischen Heilsgeschichte, daß sie vom historischen Standpunkt aus merkwürdige Lücken aufweist und sich ganz und gar sprunghaft abwickelt« (135). Man wird – auch bei kritischen Vorbehalten – schwerlich bestreiten können, daß Cullmann Richtiges und Wichtiges gesehen hat. Im Grunde versucht er zu zeigen, daß wir mit Recht seit Christi Geburt die Jahre zählen.

Wenn man christologisch mit einem gewissen Recht von einer linearen Zeit sprechen kann, dann wird durch das Pneuma die Zeitlinie aufgerollt: Ich existiere nicht bloß nach Christi Geburt, sondern mit seiner Geburt im neuen Sein, im Zusammenhang mit seiner Passion, mit seiner Erniedrigung und Erhöhung. Ich existiere nicht bloß auf die Zukunft des Gekommenen hin, diese Zukunft bricht im Geist schon ein in meine Lebenszeit. Im Geist lebe ich nicht bloß »zwischen den Zeiten«, denn der Geist integriert Vergangenheit und Zukunft in meine Gegenwart. Im Geiste wandeln heißt Gegenwart haben, die die Vergangenheit Christi wie seine Zukunft apportiert. Der Geist füllt die Zeit; ich erlebe die Dehnung der Zeit nicht als Waise; denn der Geist hebt die Spannung der Zeit auf. Er ist der Poet der Zeit.
Ich begnüge mich hier mit Andeutungen, die weitergehender Erörterung bedürften. In meinen ersten Denkbemühungen zur gegebenen Thematik dachte ich, es wäre verlokkend, noch einmal van Rulers Unterscheidung christologischer und pneumatologischer Denkweise systematisch aufzunehmen und zu erweitern (vgl. R. Bohren, Predigtlehre, 1980[4] und Daß Gott schön werde, 1975). – Allein dieser Weg war mir verwehrt: Ich kann nicht einerseits die Entsprechung der Pneumatologie mit dem Pneuma postulieren und andererseits mich damit begnügen, »über« die Pneumatologie zu reflektieren. Nicht daß ein distinktives Denken grundsätzlich verwehrt wäre. Es hat da, wo es um die Unterscheidung der Geister geht, durchaus seinen Platz;

aber das kann im Augenblick nicht meine Aufgabe sein. Es konnte sich nicht darum handeln – in Unterscheidung etwa zum christologischen Denken – *über* das pneumatologische Denken zu reflektieren. Vielmehr wollte ich versuchen, wenigstens ansatzweise pneumatologisch zu denken.
Es wird kein Zufall sein, daß die Pneumatologie das Stiefkind der Dogmatiker geblieben ist: Indem der Geist in Ewigkeit bei uns ist als der Freie, sprengt er alles systematisierende Denken. Die Sprache der Predigt und der Poesie entspricht dem Geist eher als die systematische Darlegung. Das pneumatologische Denken hat offensichtlich eine Affinität zur »irregulären Dogmatik«. Christoph Blumhardt und Oepke Noordmans sind beide nicht Dogmatiker von Beruf, keine Universitätstheologen. Offensichtlich tut sich die akademische Theologie, verstrickt in die Krise der Wissenschaft, schwer mit dem pneumatologischen Denken.

Dies zeigt m. E. *Gerhard Ebeling,* der in seiner »Dogmatik des christlichen Glaubens« (1979) den Versuch gemacht hat, die Gotteslehre vom Gebet her zu entwickeln, zweifellos ein Ansatz zu pneumatologischem Denken, wie überhaupt das Bemühen, »nicht bloß über den Glauben zu reden, sondern ihn selbst zu Worte kommen zu lassen« (I, 7), zu einem pneumatologischen Denken führen müßte (Band III lag zur Zeit der Durchsicht meines Vortrags noch nicht vor). »Nicht die gekünstelte Haltung einer vom Lebensvollzug abstrahierenden Denkleistung, die Gott beweisen will, entspricht dem Dasein Gottes, sondern dies, daß einer, der sich ihm verdankt, vor ihm auf die Knie fällt« (193). – Ich bin mir nicht sicher, ob der Dogmatiker die Konsequenz eines solchen Satzes für sein Tun am Schreibtisch genugsam bedacht hat.
Schon ein erster Leseeindruck läßt vermuten, daß die Konzeption der Gotteslehre vom Gebet her das Ganze beeinflußt. Die Sammlung und Zucht der Gedankenführung zeigt, daß das Knien seine Rückwirkung auf die sitzende Tätigkeit hat: »Ich fühle mich gesund, wenn ich ihn lese«, sagt ein sensibler Student; ein hohes Lob!
Um sich ein abschließendes Urteil bilden zu können, müßte man das Werk im ganzen überblicken können. Schon eine Einsicht über den zunächst primär in Frage kommenden § 9 »Reden zu Gott« zeigt, daß Ebeling die methodologischen Konsequenzen aus seinem Ansatz noch nicht gezogen hat. Seine Sprache vermag das, was er sagen möchte, noch nicht einzuholen. Sie widerspricht vielmehr bei aller bewundernswerten Stringenz in gewisser Weise dem, was er sagt.
Der innere Widerspruch zwischen dem Sagen und dem Gesagten kann hier nur eben angedeutet werden. Er wäre m. E. durch eine sprachliche Analyse

seines Textes leicht nachzuweisen: Ebeling schreibt primär als Beobachter des Glaubens über den Glauben. Damit steht er sich selbst im Wege und verhindert, daß sein Postulat Sprache wird: »Eine am Gebet orientierte Lehre von Gott befindet sich sozusagen ständig auf der Schwelle vom Reden über Gott zum Reden zu Gott« (207). – Dem fatalen »sozusagen« entspricht, daß die Schwellensituation im Text kaum sichtbar wird, was von der Verborgenheit des Gebets her durchaus seinen Sinn hat. Aber müßte »auf der Schwelle« nicht doch ein Sprachwandel stattfinden? – Der Beobachter tut sich schwer, zur Anrede überzugehen, wie er auch beispielsweise Formulierungen, die »zu poetisch klingen« könnten, verteidigen muß, während das Vorwort eine andere Struktur des Zitierens aufweist: »Die Gebetserfahrung, die dürftige eigene sowie die in reichem Maß überlieferte, belehrt darüber, daß alles darin Raum hat: nicht nur die Frage des Seelenheils – sie tritt vielfach sogar weit in den Hintergrund –, auch die Heilung des Leibes von Beschwerden und Schmerzen, dazu all das, was in größter Mannigfaltigkeit in die Bitte um das tägliche Brot hineingehört; auch all das, was die Mitmenschen betrifft, nicht nur ›unsern kranken Nachbarn‹, auch ›die Brüder in der ganzen Welt‹ (1Petr 5,9), selbst die Feinde und die Fernsten, die im Gebet zu Nächsten werden (Mt 5,44 Lk 23,34 Apg 7,59); und mit ihnen zusammen die ganze Kreatur, die leidende und seufzende, aber auch die in ihrer Weise vollkommene und beglückende, die güldene Sonne voll Freud und Wonne, der Mond, der aufgegangen ist, und die Sterne, die am blauen Himmelssaal prangen. Wem diese Andeutungen zu traditionell und zu poetisch klingen, mag anders formulieren« (225). Das ist Beschreibung, bei der Vorsicht waltet. Im Vorwort hatte er direkt gesprochen: »Das Unternehmen einer Dogmatik hat sich wohl überhaupt erst dann gelohnt, wenn der Gesamteindruck auf den Nenner zu bringen ist: ›O du unergründter Brunnen, wie will doch mein schwacher Geist, ob er sich gleich hoch befleißt, deine Tief ergründen können?‹ (Paul Gerhardt)« (VIII). Vielleicht kommt in der Unterschiedlichkeit der Sprachstruktur zwischen diesen beiden Zitaten etwas von der Schwellensituation zum Ausdruck. – Der Übergang »vom Reden über Gott zum Reden zu Gott« aber müßte sich sprachlich als Übergang von der Prosa zur Poesie stärker bemerkbar machen und dürfte sich nicht auf Kirchenliedzitate beschränken. Der »äußerste(n) Weite des Horizonts«, verbunden »mit strengster innerer Sammlung auf das Wesentliche« (1), die einem in dieser Dogmatik imponierend vor Augen tritt, entspricht nicht die Freiheit dichterisch zum Wort. Kann das Denken diskursiv bleiben, wenn es anbetendes Denken wird? Muß nicht das Auf-die-Knie-Fallen das Diskursive unterbrechen? Stört nicht das Gegenüber den Gedankengang?

Ich schlage vor, daß wir nach drei Richtungen hin die Wege bedenken, auf die der Geist uns heute schickt. Ich meine, es ist ein Weg des Gerichts, ein Weg des Leidens und ein Weg des Lobes.

I. Die Zeichen der Zeit – Gerichtetes Denken

Die Bildrede, mit der Jesus die Volksmenge über die Zeichen der Zeit ins Bild setzt, gehört zur ungepredigten Bibel. »Wenn ihr im Westen eine Wolke aufsteigen seht, sagt ihr alsbald: Es kommt Regen; und es geschieht so. Und wenn ihr den Südwind wehen seht, sagt ihr: Es wird Gluthitze geben; und es geschieht. Ihr Heuchler, das Aussehen der Erde und des Himmels wißt ihr zu beurteilen; wie kommt es aber, daß ihr diese Zeit nicht beurteilt?« (Lk 12,54–56; vgl. Mt 16,2f).

Ungepredigte Bibel: Der Geist stellt uns auch heute die Frage, ob wir die Lage wirklich erkennen. Die Frage ist auch uns gestellt in jeder Predigt und in jedem Gespräch über die Phänomene der Zeit: Warum wissen wir um die Wetterregeln, ohne daß wir die Zeit verstehen? – Die Geschichte der Predigt zeigt, daß hier in den Aussagen, die Gegenwart und Zukunft qualifizieren, die größten Predigtkatastrophen sich ereignen. Nur allzuleicht verwechsle ich als Prediger meine Vorurteile gegenüber Zeiterscheinungen mit dem Urteil des Heiligen Geistes. – Gerade da, wo ich versuche, die Zeit zu deuten, muß mir neu bewußt werden, wie sehr meine Subjektivität von der des Geistes differiert. Viele Prediger ziehen es vor, zeitlos zu predigen, was dann eine todrichtige Predigt zur Folge hat, die nicht irrt, aber steril bleibt. »Wie kommt es aber, daß ihr die Zeit nicht beurteilt?« Was sollen wir auf diese Frage antworten? Wenn wir die Zeit nicht verstehen, verfehlen wir sie und verfehlen mit ihr den Sinn unseres Lebens.

Es ist sehr tröstlich, daß Jesus seine Frage nicht an die Jünger im besonderen, sondern an die Volksmenge adressiert. Das Volk Gottes als Ganzes muß die Zeit verstehen lernen. Die Zeit verstehen lernen, das ist keine Angelegenheit individueller Leistung. Im Volke Gottes gibt es wetterfühlige Menschen, die das Wetter im voraus fühlen, und so gibt es eine Wetterfühligkeit, die im voraus ein Gespür hat für das Wetter Gottes. Solche Wetterfühligkeit kann erworben werden. Man entwickelt einen Sinn für die Begebenheiten, und das ist – nach einem Worte des Novalis – »der

Profetische« (Schriften 3, 1968, 667): Paulus mahnt die Korinther, nach der Prophetie zu streben (1Kor 14,1.39). Pneumatologisches Denken strebt nach Prophetie. Man kann auch sagen: Die Zeit verstehen ist Weisheit; »des Weisen Herz weiß um Zeit und Gericht« (Pred 8,5 nach Luther); der Tor weiß nicht, was es geschlagen hat. Die Zeit verstehen heißt, das, was geschieht, den Raum unserer Gegenwart zusammensehen mit der Gegenwart des Heiligen Geistes, das Zeitgeschehen verknüpfen mit der Vorsehung und dem Begleiten des lebendigen Gottes. Die Zeit verstehen heißt: hören, was der Heilige Geist zum Zeitgeist sagt.

Wie können wir wetterfühlig werden, daß wir die Zeit verstehen und den erkennen, der in ihr waltet? – Sicherlich werden wir die Zeit nicht verstehen, wenn wir aus ihr emigrieren. Und das ist immer wieder eine Antwort ernsthafter Christen: Sie ist so schlecht und so verderbt, daß man sie am besten flieht. – Am ausgeprägtesten ist solche Zeitflucht wohl bei jenen täuferischen Gemeinden in Amerika und Kanada, die für sich persönlich die neuzeitliche Technik und Zivilisation ablehnen. So sehr eine solche Haltung Respekt abnötigt, so wenig wird sie uns Hilfe sein können, um die Zeit zu verstehen. – Sicherlich werden wir die Zeit auch nicht verstehen, wenn wir mit ihr gehen, uns ihr anpassen, also sozusagen in ihr aufgehen. Werden wir die Zeit verstehen, wenn wir ihre Phänomene analysieren? Vielleicht, nur steht zu befürchten, daß die Phänomene sich schon wieder gewandelt haben, wenn wir mit deren Analyse fertig sind. Ich glaube, man kann das pneumatologische Denken nicht besser charakterisieren als so, daß man versucht, seine eigene Zeit zu bedenken. Wie sehen die sieben Augen Gottes die Welt in dieser Stunde an?

Mein Auge nimmt nicht wahr, was der Geist wahrnimmt. Ich sehe nicht klar. Mein Denken ist weithin blind für das, was Gott heute hier mit diesem Menschen tut. Indem ich mich der Frage Jesu stelle, wird mir klar: ich stehe in meinem Unverstand im Gericht und meine Kirche ebenfalls. Wir stehen in Deutschland als reiche Christen eines reichen Landes im Gericht, und ich denke, daß die Stunde, die über der Welt steht, eine Stunde des Gerichtes ist. »Gericht« ist eine für das wissenschaftliche Denken neue, ungewohnte Dimension der Wahrnehmung. Pneumatologisches Denken ist ein kritisches Denken, insofern es mich selbst, meine Kirche, meine Umwelt mitten im Gericht wahrnimmt. Und dieses kritische Denken wäre nicht kritisch genug, wenn es sich nicht dem Urteil der Brüder stellen würde. So habe ich mit dem Satz: »Wir stehen im Gericht« eine Deutung gewagt, die Ihr »Amen« oder Ihre Widerlegung nötig hat.

Es ist nötig, zuerst das Wort »Gericht« ein wenig zu erläutern. Ich möchte dies tun mit Worten von Krister Stendahl: »Gnade, Erlösung und Befreiung sind Teil des Gerichtes Gottes. Gottes Gericht bringt Gnade für die, die Gnade brauchen. Gericht ist *Gerechtigkeit* für die, die nach ihr hungern und dürsten, denen sie aber vorenthalten wird. Gottes Gericht geschieht in seinem Handeln, wenn er die Dinge zurecht bringt, wenn er Gerechtigkeit aufrichtet. Es ist wichtig, die biblische Bedeutung von Gericht (krisis) wieder zu beleben: Gericht ist Aufrichtung der Gerechtigkeit, die notwendigerweise für diejenigen Gnade bedeutet, denen Unrecht getan wurde, und Verlust für diejenigen, die zuviel haben« (Der Jude Paulus und wir Heiden. Anfragen an das abendländische Christentum, 1978, 106f).

Ich möchte meinen Satz »Wir stehen im Gericht« ein wenig einsichtig machen, indem ich zwei Zeugen anführe. Zuerst die *Dichter:* Man müßte einmal die Dichtung unserer Zeit unter diesem Gesichtspunkt betrachten, denn die Dichter haben möglicherweise ein besonderes Sensorium für die Zeit und den Raum, in dem sie leben. Novalis hatte sicher recht, wenn er den »Sinn für Poesie« dem »Sinn der Weissagung« nah verwandt sah (Schriften 3, 686). Die Frage nach der Wahrheit der Weissagung bleibt dabei immer offen. Immer und immer wieder stellen die Dichter das Gericht dar. Ich denke an Kafka, an den »Doktor Faustus« von Thomas Mann, an Stücke von Beckett, an Dürrenmatts »Besuch der alten Dame«, an die Stücke von Thomas Bernhard. Die Heiterkeit der Kunst macht das Gericht erträglich, vermummt es gewissermaßen, macht es genußfähig. Gerade indem man das Gericht so eindringlich wie möglich darstellt, schiebt man es von sich weg, schlägt man ihm ein Schnippchen. Wo sich die Kunst mit dem Tod und dem Gericht beschäftigt, macht sie einerseits bewußt, andererseits hilft sie verdrängen. Das ist sehr merkwürdig. Was mich aber beschäftigt ist dies: In Deutschland gibt es Schriftsteller, die mit säkularen Mitteln eindringlich das Gericht anmahnen; auf den Kanzeln aber gehört das Gericht zur ungepredigten Bibel (vgl. R. Bohren, Schriftsteller als Gerichtsprediger, in: Geist und Gericht, 1979, 181ff). Ich denke, dieser Sachverhalt deutet seinerseits auf das Gericht.

Zum anderen die *Physiker:* Was die Dichter erahnen und dann auch wieder mit Hilfe der Kunst in Unterhaltung umlügen, wird nun von einem Physiker wie A. M. Klaus Müller unter anderer Perspektive gesehen: »Ich deute die heute sich abzeichnende Überlebenskrise der Menschheit als Beginn dieser (säkularen, R. B.) Katastrophe« (82f). Er meint, uns sei die Aufgabe gegeben, »das Überleben der Menschheit notwendigerweise technisch zu bewerkstelligen« (128). Andererseits vermag er nicht einzusehen, »wie wir allein auf der Basis der kurzen Frist, das heißt des technischen Handelns und Steuerns, als Menschheit überleben können« (153).

Die Dichter und die Physiker sind unsere Brüder, und wir brauchen das Gespräch mit ihnen, um die Bedeutung der Wolken zu erkennen, die am Horizont aufgezogen sind. Wir brauchen das Gespräch mit ihnen, wenn wir als Prediger dem Volke die Stunde Gottes ausrufen sollen. Und wir können das Gespräch mit ihnen nicht richtig führen, wenn wir es nicht als Schüler der Heiligen Schrift tun, die wissen, daß sie selbst in der gleichen Versuchung stehen, das Gericht ins Genießbare umzumünzen und sei es zu einem Horrorfilm auf Breitwand.

Pneumatologisches Denken wird das Gericht nur so wahrnehmen können, indem es sich als Denken selbst richten läßt. Pneumatologisches Denken ist gerichtetes Denken und damit ein Denken, das Gott fürchtet. Die Furcht Gottes wird ihm neue Dimensionen der Wahrnehmung eröffnen. Mit dem Begriff der »Furcht Gottes« nennen wir nochmals einen Aspekt der ungepredigten Bibel. Wo das Denken Gott Gott sein läßt, wo es sich vom Gottsein Gottes auf den

Weg bringen läßt, entdeckt es die alte Weisheit neu, daß ihr Anfang in der Furcht des Herrn besteht (Spr 1,7). Der Verlust der Gottesfurcht in Kirche und Theologie wird selbst wiederum zum Zeichen des Gerichts, denn der Verlust der Gottesfurcht wird ja nur dann möglich, wenn man sich Gott nach seinem Bilde präpariert. Gerichtetes Denken erst wird urteilsfähig gegenüber den in unserer Gesellschaft herrschenden Gottesvorstellungen. Gerichtetes Denken erst vermag die etablierten Gottesbilder abzuhängen.

Ich gebe noch einmal *M. Douglas Meeks* das Wort: »Das Evangelium bewirkt einen Konflikt mit all den Gottesvorstellungen, die einen Anspruch auf Herrschaft und Regierung gegen die Herrschaft des Vaters Jesu Christi im Heiligen Geist erheben. Die Aufgabe der Theologie ist es, sich in diesen Widerstreit der Gottesvorstellungen einzuschalten und deutlich zu machen, daß die Kirche hier und jetzt dazu berufen ist, das Stück der Welt zu sein, in dem den Interessen von Gottes Gerechtigkeit in Jesus Christus durch den Heiligen Geist gedient wird . . . Die Aufgabe der Theologie hier und heute ist es, einen Punkt klarzustellen: Nur wenn die Kirche die Interessen des Vaters und des Sohnes vertritt, so wie sie im Heiligen Geist gegenwärtig sind, repräsentiert die Kirche die veränderte Welt und ist somit imstande, auch die Interessen der Welt zu verändern« (43).

II. Leidendes Denken

Der Versuch, pneumatologisches Denken als leidendes Denken zu verstehen, kann nicht vom Gedanken der Krisis abstrahieren. Gerichtetes Denken ist leidendes Denken. Die Verheißung des Geistes macht dessen Defizit im Schmerz bewußt. Pneumatologisches Denken seufzt mit dem Seufzen des Geistes, und der Geist nimmt den Ton, den Jesus in seiner Passion angestimmt hat, auf. In Röm 8,15 braucht Paulus das gleiche Verb wie der Evangelist Markus (15,13 f) und Matthäus (27,50) für Jesu Schreien am Kreuz. Der Geist der Sohnschaft ist ein Geist des Leidens mit Christus und leidet an der Zeit, an den Verhältnissen, an der Unsichtbarkeit Gottes. Man ist noch nicht am Ziel. Die Wunde des Noch-nicht ist dem pneumatologischen Denken

von Anfang an auf den Weg gegeben. An den Wassern Babylons singt Gottes Volk sein klagend Heimwehlied und die Märtyrer unter dem Altar fragen: »Wie lange, heiliger und wahrhaftiger Herr, richtest du nicht und rächest unser Blut nicht an denen, die auf Erden wohnen« (Offb 6,10)? Und dann wird ihnen Antwort gegeben. Das Leiden ist noch nicht zu Ende. Es gibt ein Leiden im Gericht, weil die Vergangenheit noch mächtig in die Gegenwart wirkt; aber es gibt auch ein Leiden am Noch-Ausstehen des Gerichtes, eine Qual am Noch-nicht des Gerichtshandelns Gottes. Ein Leiden daran, daß die Zukunft noch nicht mächtig genug die Gegenwart bestimmt. – Ich bin noch nicht der, der ich sein werde, und ich vermag noch nicht wahrzunehmen, wer ich bin. Mein Leiden an mir selbst, an der Gemeinde, an der Welt, besteht darin, daß ich noch nicht sehen kann, was der Geist mir sagt: »Siehe, es ist alles neu geworden.«
Luther hat einmal gesagt: die Philosophen sehen die Sünde in der Welt, die Theologen aber sehen die Sünde im Kreuz Christi. Ich bin kreuzesblind. Obwohl ich kein Philosoph bin, bin ich noch immer zu viel Philosoph und zu wenig Theologe. – Das pneumatologische Denken bringt den Christen in Konflikte mit sich selber, die der Philister nicht kennt.
Das pneumatologische Denken bringt das Denken im Leiden selbst zur Ruhe.

Der junge *Luther* hat in seinen Auslegungen der zehn Gebote 1516 und 1517 geschrieben: »Die Ruhe heiligen heißt, sich Gott als ein Leidensfähiger hingeben, damit in ihm Gott allein wirke. Hier ist Geduld und Hoffnung nötig, denn hier tritt der Mensch in das Dunkel, wo er nicht wirkt, sondern geführt wird auf dem Weg des Leidens in wunderbarer Weise. So oft du aber leidest, so oft wirkst du nicht. Vielmehr ruhest du, und Gott wirkt in dir. Aber du weißt nicht was, weil du leidest und ein bloßer Stoff (nuda materia) bist« (WA I, 471, 4ff, zitiert nach H.-J. Iwand, Luthers Theologie, NW 5 1974, 233).

Der Zeitgeist schreibt uns seelisch Leistungs- und Genußfähigkeit vor; beherrscht von Gesetzen der Psychologie, kokettieren wir einerseits mit seelischen Leiden, und andererseits werden Begriffe aus der Psychologie wie »Neurotiker« oder »Schizoider« zu Schimpfwörtern, genauer: sie werden zu Zauberworten der Bemächtigung, denn wenn ich ihn so und so klassifiziert habe, bin ich ihm schon überlegen.

Pneumatologisches Denken lehrt uns die seelischen Leiden anders wahrnehmen, als die Psychologie sie wahrnimmt. Es lehrt uns ein anderes Verhältnis zum körperlichen und seelischen Schmerz. Eine Psychologie, die den Menschen von der Einwohnung des Geistes her versteht, wird das Leiden zusammenbringen mit dem Geist der Sohnschaft, den wir empfangen haben: weil der Sohn gelitten hat, leiden auch die Söhne.

Pneumatologisches Denken leidet an der Differenz zwischen dem, was die Gemeinde im Geiste ist, und der praktischen Geistlosigkeit der Gemeinde. Das Leiden des Christen, auch Differenz zwischen dem, was er im Geiste und neu ist, und dem, was vom alten Wesen noch in ihm rumort, potenziert sich als Leiden an der Gemeinde. Pneumatologisches Denken weiß, daß das Gericht anfangen muß an dem Hause Gottes (1Petr 4,17). Es weiß, daß die heutige Stunde der Kirche die ihres Gerichtes ist.

Mich bewegt an der Gestalt von Eduard Thurneysen vor allem dies: 1921 kam sein »Dostojewski« heraus, eine Buß- und Gerichtspredigt an die Kirche. Der Großinquisitor ist der Vertreter einer Kirche, die Christus als den Lebendigen in ihrer Mitte nicht erträgt. Diese Kirche erträgt die Qual nicht, die Jesus mit seinem Evangelium brachte. Die Kirche des Großinquisitors hat »mehr Erbarmen und eine viel verstehendere Liebe als Christus selber sie hatte« (1925^3, 50). Der Großinquisitor sagt zu Christus: »Wir haben deine Tat verbessert und sie auf dem Wunder, dem Geheimnis und der Autorität aufgebaut.« Thurneysen kommentiert: »Das ist der dreifache Verrat der Kirche an Gott. Sie führt den Menschen nicht mehr in jene Tiefe, wo er nur noch nach Gott schreien kann – dafür aber auch nicht mehr dorthin, wo sich ihm Gott als der Gott aus der Höhe mit großer Macht, mit seiner *wahren* Liebe, seiner *wahren* Vergebung, seinem *wahren* Wunder zeigen kann. Das ist die Lüge, die Gottlosigkeit der Religion« (ebd.). Dostojewski hat die Legende in das Spanien der Gegenreformation verlegt, er meinte die römische Kirche vor allem (62). Thurneysen zieht den Text in seine Gegenwart, und er spricht in unserer Gegenwart neu.

Die Neuentdeckung des Evangeliums durch Karl Barth und Eduard Thurneysen war verbunden mit einer Erkenntnis der Situation von Kirche und Welt als Situation im Gericht. Thurneysen und Barth begannen als an der Kirche Leidende. Pneumatologisches Denken führt ins Leiden an der Kirche.

In der Hitler-Zeit trat der Großinquisitor grobschlächtig in Gestalt der Deutschen Christen auf. Heute trägt er wieder feinere Züge. Die ökologische Bedrohung führt allenthalben zu einer Erneuerung der Religionen: der Großinquisitor hat seine Gewänder gewechselt. Was bleibt, ist ein Großbetrug der Menschen durch Religion, haarscharf am Evangelium vorbei. Darum brauchen wir heute neu eine Religions- und Kirchenkritik.

Pneumatologisches Denken führt zu einer Kritik an Kirche und Religion, die nicht als Kritik des Beobachters zu führen ist, die sich vielmehr leiten läßt von der Einsicht Dostojewskis: »Alle sind an allem schuld«; das Leiden an der Kirche führt zur Umkehr. »Denn die Betrübnis, wie sie Gott will, wirkt eine Buße zum Heil, die man nicht bereuen muß; die Betrübnis der Welt aber bewirkt den Tod« (2Kor 7,10).

Pneumatologisches Denken leidet querweltein, nimmt teil am Gram der Welt; geistloses Denken bleibt gleichgültig. Pneumatologisches Denken vertritt die Welt auch in der Weise, daß sie um sie Leid trägt. Statt langer Erörterungen ein Beispiel.

Senfft von Pilsach schreibt über *Christoph Blumhardt:* »Das Schicksal von Messina (1911 starben dort 84 000 Menschen) stimmte ihn so traurig, wie ich ihn nie wieder gesehen habe, und noch in meinen letzten Unterhaltungen mit mir im Jahre 1918 in Iebenhausen, als ich ihm von dem Unglück in Martinique erzählte, wo 10 000 Neger in einer Nacht umkamen, sagte er, er empfände es als Beschränkung seines Geistes, daß er an dieser Katastrophe seinerseits nicht noch mehr Anteil genommen habe« (zit. nach E. Kerlen, Die Gemeinde in der Predigt des jüngeren Blumhardt, Diss. Heidelberg 1979, 248, Anm. 62). Da leidet einer an anonymen Toten, die Hunderte von Kilometern von ihm starben. Und sieben Jahre später klagt er sich an, daß sein Geist nicht mehr beteiligt war, als Tausende von Kilometern entfernt Tausende starben.

Als ich die Notiz über Blumhardt las, hatte ich am Abend vorher im Fernsehen einen Film über Vietnam und Kambodscha angesehen. Am Abend danach sah ich einen Teil eines Streifens über den Antisemitismus: Das Fernsehen kann uns abstumpfen, es kann aber auch ein Mittel sein, uns teilnehmen zu lassen am Leid der Welt. Der Geist des Sohnes, der in den Söhnen seufzt, ist der Geist, der teilnimmt am Leid aller Welt (vgl. die »Fernsehgebete« in R. Bohren, Texte zum Weiterbeten, 1976, 93ff). – Gleichgültigkeit ist der Antigeist. Pneumatologisches Denken führt in die Teilnahme am Leiden: Christoph Blumhardt wurde in der Teilnahme an den Leiden der Arbeiter in die Politik geführt; ein Hinweis darauf, daß die Sensibilität für den Schmerz der Welt nichts mit Rührseligkeit zu tun hat: »Wir müssen das Holz sein, damit das Feuer Jesu brennen kann. Sind wir treu, dann wird der Himmel und die Erde sich bewegen« (Ihr Menschen seid Gottes, 1936^2, 461). Es ist eine »Arbeit vor Gott«, die er in der Stille leidend tut (Ansprachen, Predigten, Reden, Briefe, Bd. 3, hg. v. Johannes Harder, 1978, 4). Er weiß: »Es müssen Menschen da sein, die es verstehen, in der Gesinnung Jesu sich zwar ganz in das Elend der Menschen hineinzustellen, aber doch nicht sich verführen lassen, als ob durch bloßes Herumrühren in diesem Elend Wesentliches gewonnen werden könnte . . .« (ebd.).

III. Lobendes Denken

Gerichtetes Denken sucht die Gnade, leidendes Denken ist unterwegs zur Herrlichkeit und mündet allemal im Lob.

1. Der Einzelne

Der Einzelne kommt durch pneumatologisches Denken ins Lob: Ich erinnere nochmals an den Katechismus, der mich lehrt, daß der Heilige Geist auch mir gegeben ist. Ich lerne mich selber neu verstehen, ich nehme mich neu wahr, bekomme eine neue Subjektivität: Was der Heilige Geist in mir ist, was ich durch den Heiligen Geist werde, ist lobenswert. Ich werde mir selber zu einem poetischen Gegenstand.

Hier zeigt sich ein Unterschied in der Struktur christologischen und pneumatologischen Denkens: Christologisches Denken denkt das Subjekt in Bezug zu Christus primär in der Kategorie des »für mich«, pneumatologisches Denken

denkt das Subjekt in Bezug zum Heiligen Geist primär in der Kategorie des »in mir«. Das »für mich« hängt mit der Einmaligkeit des Heilsgeschehens in der Menschwerdung zusammen, der Begriff der Einwohnung aber mit dem der Dauer. Christologisches Denken schließt die Struktur des »in mir« nicht aus, wie Kol 1,27 zeigt, wo vom »Christus in euch« die Rede ist als vom Geheimnis unter den Heiden, – wenn man hier nicht mit Eduard Schweizer übersetzen will »Christus unter euch (den Heiden)«. Dann ist an Gal 2,20 zu denken: »ich lebe; aber nicht mehr ich, sondern Christus lebt in mir«, an Röm 8,10f, wo vom Einwohnen Christi »in euch« die Rede ist und vom Einwohnen des Geistes, »der Jesus von den Toten auferweckt hat«. Es wäre nun zu fragen, ob hier ein Parallelismus vorliegt, der beides in eins sieht, oder ob hier unterschieden wird. Einmal mehr zeigt sich, daß pneumatologisches Denken nicht vom christologischen in einer falschen Alternative unterschieden werden darf. Das Einwohnen Christi erfolgt im Modus des Geistes. Darum wird in der Redeweise »Christus in mir« schon pneumatologisch gedacht. Der Fortschritt vom christologischen zum pneumatologischen Denken wäre dann der vom »für mich« zum »in mir«, genauer: vom »für uns« zum »in uns«, vom »für euch« zum »in euch«. Das Pneuma bestimmt den Binnenraum des einzelnen wie der Gemeinde, und wir müssen im Kontext der Bibel darüber hinaus auch die Kultur nennen.
Beschränken wir uns zunächst auf die kleinste Einheit der Einwohnung des Geistes, die im einzelnen. Das pneumatologische Denken leitet nicht zu einer neuen Selbsterfahrung an, sondern zu der Erfahrung eines neuen Selbst. Es ist unterwegs zur Entdeckung der neuen Kreatur, zu einem neuen Ich.
Dieser Sachverhalt soll gegenüber der Psychoanalyse Freuds verdeutlicht werden (zur Psychoanalyse vgl. die Vorlesung: Seelsorge als Wahrnehmung): Freud erklärt das Seelenleben des Menschen von frühkindlichen bzw. frühmenschlichen Erfahrungen her, und die aktuellen Leiden werden nun im Horizont dieser vergessenen oder verdrängten Erfahrung erklärt und damit möglicherweise aufgeho-

ben. Die Subjektivität wird damit gestärkt, beziehungsweise neu geschaffen, daß der Bezug aktueller Leiden mit der Vergangenheit hergestellt und daß auf diese Weise aus »Es« »Ich« wird. Indem die Vergangenheit geklärt wird, wird das Ich genuß- und leistungsfähig. Das psychoanalytische Denken legt auf seine Weise den Satz aus dem Buch Hiob aus: »Wir sind von gestern her und wissen nichts« (8,9). Das psychoanalytische Denken will aufklären, es erhellt die Lage von der Vergangenheit her. Das pneumatologische Denken aber erhellt den Binnenraum und erfüllt ihn mit Poesie von der Zukunft her; denn es lobt den, der mich bewohnt. Mein Ich ist und wird bestimmt durch die Zukunft, die in mir schon Gegenwart ist. Das lobende Denken hebt meine Gegenwart in seine Zukunft. Was jetzt noch auseinanderklafft zwischen dem Heiligen Geist als Subjekt und meiner Subjektivität, die von gestern her ist, das wird in der Zukunft versöhnt werden. Ich vergleiche pneumatologisches Denken hier mit dem psychoanalytischen: In der Psychoanalyse wird neue Subjektivität in der Auseinandersetzung mit der Vergangenheit gewonnen. Im pneumatologischen Denken wird neue Subjektivität in der Aufklärung über die Zukunft gewonnen. Die »Angststätte« soll zu einem Haus der Hoffnung werden. In der Psychoanalyse soll der Leidensdruck der Gegenwart aufgehoben werden durch die Erhellung der Vergangenheit. Im pneumatologischen Denken wird die Zukunft hell, und das macht Gefangene singen. Das pneumatologische Denken lehrt den Christen ein Selbstgespräch ohnegleichen: der im Geist in ihm anwesende Christus soll zu Worte kommen. Ich rede so zu mir, daß ich mich anweise, auf ihn selber zu hören. Er liebt es, mich von außen her anzusprechen. Wenn ich auf ihn höre, wird mein Innen zum Echo seines Wortes. So wird das pneumatologische Denken ein lobendes Denken werden auch da, wo es sich selbst denkt.
Die Einwohnung Christi durch den Geist im Menschen hat auch eine psychologische Wirkung, muß sie haben, wenn der Heilige Geist nicht ein Gespenst, sondern Wirklichkeit ist. Ich denke hier an die Heilungen Johann Christoph Blumhardts, der ein Prophet des Geistes war. – Die heilenden

Kräfte, die von der Frage 53 des Heidelberger Katechismus ausgingen, können nicht hoch genug eingeschätzt werden. Gegenüber dem schier unbegrenzten Wachstum an seelischem Leiden ist es gut zu realisieren, daß das auch psychologisch eine große Erleichterung bedeutet, wenn eine fröhliche Futurologie die seelische Archäologie ablöst. Ich weiß: mein Inneres wie mein Äußeres wird durch den Geist vom Vater und vom Sohn verwandelt werden. Im Warten auf den Vorschein dieser Verwandlung darf ich auch noch ein wenig verkehrt und schadhaft sein.

Eduard Thurneysen hat 1928 in »Rechtfertigung und Seelsorge« von einer von der Rechtfertigung aus zu gewinnenden neuen Psychologie gesprochen (ZZ 6, 1928, 197ff). Er kam zu diesem Postulat, indem er hellsichtig auf eine neue Weise der Wahrnehmung hinwies: »Der Mensch wird auf Grund der Rechtfertigung gesehen als der, den Gott anspricht in Christus. Dieses Sehen des Menschen als eines auf den Gott seine Hand gelegt hat, das ist der primäre Akt aller wirklichen Seelsorge« (209). Hier hatte Thurneysen einen pneumatologischen Ansatz; weiterdenkend wäre er auf den Begriff der Einwohnung gekommen und hätte den Gedanken an eine neue Psychologie nicht fallen lassen können. *Emil Brunner* hat 1930 einen Vortrag über das Thema »Biblische Psychologie« veröffentlicht (Gott und Mensch. Vier Untersuchungen über das personhafte Sein, 70ff). Brunner geht apologetisch vor und will in das Gespräch der Psychologie den Gedanken einbringen, daß der Mensch ein Sünder ist (79). – Die Ansätze von Thurneysen und Brunner sind – so weit ich sehe – kaum weitergeführt worden. Ich denke, die Zeit sei gekommen, die Väter dadurch zu ehren, daß man ihre Gedanken heute neu aufnimmt.

Ich habe als Charakteristikum pneumatologischen Denkens hervorgehoben, daß es den Menschen im Lichte seiner Zukunft sehe, daß seine Gegenwart als Vorschein von Zukunft zu entdecken sei. Die Sünde gehört für das pneumatologische Denken grundsätzlich zur Vergangenheit: »So sollt ihr euch als solche ansehn, die für die Sünde tot sind, aber für Gott leben in Christus Jesus unserem Herrn« (Röm 6,11). Paulus lehrt uns hier eine neue Wahrnehmung, lehrt uns, uns selbst im Blick auf die Sünde in einem neuen Lichte wahrzunehmen. Nicht im Horizont unserer Erfahrung sollen wir uns selbst und sollen wir einander wahrnehmen, sondern im Horizont des gekreuzigten Christus. Und in diesem Horizont sind neue Erfahrungen zu machen; denken wir den Menschen von der Zukunft her, setzen Hoffnung gegen Angst, dann wird die Einwohnung des Geistes einen Kampf auslösen; die Sünde will nämlich nicht, daß wir sie für tot erklären, sie erhebt gegen den Geist ihr freches Haupt und macht eine verächtliche Grimasse und spielt sich groß auf. Aber nun lehrt uns der Geist, das Lebenszeichen und die Aufschneiderei der Sünde zu mißachten.

Ich möchte zu diesem Kampf eine kleine Geschichte erzählen, weil es unser aller Kampf ist; ich las sie einmal bei *Aloys Henhöfer* der katholischer Priester war und evangelischer Erweckungsprediger wurde: In einem Kloster gab es unterhalb der Kirche eine Halle mit Särgen, und es hieß, es spuke dort. Ein frommer Klosterbruder, seines Zeichens Schuhmacher, setzte sich mit seinem Schuhmacherwerkzeug in die Halle zwischen die Särge. Gegen Mitternacht fing in einem Sarg ein verdächtiges Geräusch an, das immer lauter wurde. Da schlug der Schuhmacher mit seinem Hammer auf den Sarg und sagte: »Still da drinnen. Was tot ist, ist tot.«

»So sollt ihr euch als solche ansehn, die für die Sünde tot sind« heißt jetzt: du sollst gegenüber deinen Sünden mit dem Hammer philosophieren und das, was du schon nicht mehr bist, mit festen Schlägen in den Sarg bannen.

2. Die Gemeinde

Lobendes Denken will nicht für sich allein bleiben. Freude muß sich äußern. Das Lob sucht die Gemeinschaft, es hat an einer Stimme nicht genug. Nehmen wir uns die Szene aus dem Gefängnis von Philippi zum Modell: »Um Mitternacht aber beteten Paulus und Silas und sangen Gott Loblieder« (Apg 16,25). Paulus und Silas denken, indem sie beten, einer also für den andern spricht, sie denken, indem sie singen, sie denken mit einer Stimme, und das heißt: in einem Sinn. Sie können die Loblieder nicht separat singen, sondern nur miteinander. Die Poesie ihres Lobes hat chorischen Charakter, die Kommunikation klingt und damit bezieht sie die andern Gefangenen mit ein. Das Singen stellt eine Harmonie her.

Darf ich sagen, sie sei ein vollkommener Ausdruck der *Amae?* Pneumatologisches Denken ist ein Denken im kommunikativen Lob, es intendiert Ökumene (zur Amae vgl. R. Bohren, Liebeserklärung an Fernost, 1980, 150).

Eine apostolische Paränese mahnt zur Einmütigkeit, was

zeigt, daß die Einmütigkeit in der Gemeinde von Anfang an eine zerbrechliche Sache war, das Gegenteil des Selbstverständlichen. Sie wird dadurch realisiert, daß die einzelnen Glieder der Gemeinde mit ihrem Herrn eines Sinnes werden. Darum die klassische Mahnung in Phil 2,5: »Diese Gesinnung heget in euch, die auch in Christus Jesus war.« In der Symphonie mit dem sich selbst erniedrigenden Christus kommt es zum Miteinander im Chor. – Im Epheserbrief kommt die Mahnung zur Einheit in einer Trias von Mahnungen, die offenbar einen Parallelismus bilden: Die Mahnung, würdig des Evangeliums zu wandeln, einander in der Liebe zu tragen und »die Einheit des Geistes durch das Band des Friedens zu bewahren« (4,3), dann kommt eine Häufung von Gründen, die ebenfalls zur Einheit mahnen: »Ein Leib und ein Geist, wie ihr auch berufen worden seid zu einer Hoffnung ... ein Herr, ein Glaube, eine Taufe, ein Gott und Vater aller, der über allen und bei allen und in allen ist« (4,4–6). Die Nichteinheit ist schlechthin unmöglich, sie ist die Sünde schlechthin, weil sie den einen Leib, den einen Geist, den einen Gott, gering achtet und sich selbst über die anderen erhöht.
Es ist kein Zufall, daß da, wo der Apostel von der charismatischen Gemeinde spricht, also davon, wie die göttliche Anmut sich den einzelnen schenkt, daß da in der Paränese auch zur Einheit gemahnt wird. »Seid gleich gesinnt gegeneinander« (Züricher Bibel Röm 12,16). Schlatter übersetzt: »Füreinander seid auf dasselbe bedacht«, Michaelis: »Macht in der gegenseitigen Beurteilung keine Unterschiede«, Käsemann: »Habt einen Sinn untereinander.«
Ich meine, Paulus und Silas in Philippi können uns in gewisser Weise auch Vorbild sein für einen neuen Stil theologischer Arbeit. Die Erneuerung der Theologie in Deutschland wurde eingeleitet dadurch, daß im Schweizer Kanton Aargau zwei Pfarrer an ihrem Amt litten und daß dieses Leiden sie miteinander zu gemeinsamer theologischer Arbeit brachte. Der Aufbruch und Anbruch der theologischen Erneuerung verdankt sich einem Zweiergespann, in dem zwei Männer zusammen ein neues Lied

anstimmten. – Es erscheint nicht ohne Tragik, daß die beiden, die sich zusammenfanden im Leiden am Pfarrersein und am Ungenügen der akademischen Theologie, nicht reflektierten, was ihr gemeinsames Arbeiten bedeutete. Möglicherweise waren sie allzusehr befangen in einem christologischen Denken, daß sie die Bedeutsamkeit ihres Miteinander nicht erkannten; möglicherweise war das mit einer der Gründe, wenn nicht der Hauptgrund, daß es in der Folge nicht zu der erwarteten Reformation der Kirche kam. Barth wurde ein berühmter Professor und Thurneysen ein berühmter Pfarrer; aber die Fakultät blieb wie sie war, und das Pfarramt wurde nicht verändert. –
Ich möchte sagen: Pneumatologisches Denken muß am Anfang der Theologie der Krise noch einmal einsetzen, um so mehr, als die Krise, welche nach dem ersten Weltkrieg vor allem Deutschland schüttelte, heute mit veränderten Akzenten weltweit geworden ist.
Ein lobendes Denken kann nur so vor sich gehen, daß es auch den Nächsten lobt.

Der Briefwechsel *Barth/Thurneysen* ist auch ein schönes Zeugnis von Freundschaft, in der einer den andern erhebt, indem er ihn braucht; einer verdankt sich dem andern. Barth schreibt an Thurneysen: »Du . . . bist irgendwie der ›Andere‹ in mir . . . auf den es eigentlich ankommt« (I, 1973, 520). Thurneysen respondiert: »Ich lebte und lebe von deinem Vorwärtsdrängen und Antreiben« (I, 523). So wird Gnade, so wird Geist empfangen, daß in der Symphonie der Freundschaft einer dem andern ist und gibt, was ihm fehlt. Er schmückt den andern mit der Anmut der Gnade, er entdeckt an ihm, was der andere für ihn selbst hat.
Theologie im Vollzug pneumatologischen Denkens ist ein Denken, das im Dialog unter Freunden sich vollzieht. Hier werden im Freihandel der Liebe Gedanken ausgetauscht (vgl. dazu R. Bohren, Das Wort Gottes und die Theologie, in: Geist und Gericht, 1979, 9ff).

An den beiden jungen Pfarrern wird deutlich: pneumatologisches Denken ist ein Denken im konkreten Lebensbezug. Es ist ein Denken mit »Herzen, Kopf und Händen«, das ins gegenseitige Verdanken und ins gemeinsame Danken führt. – Ich meine, das Zwiegespann Barth–Thurneysen könne vorbildlich sein für die Gemeinde.
Pneumatologisches Denken ist seinem Wesen nach symphonisch, das zeigen schon die Denker im Kerker von Philippi.

Es ist ein Denken unterwegs zur Symphonie, das zeigt die apostolische Paränese. Es ist ein Denken, das grundsätzlich polyphon ist, ein Zusammendenken im Doppelsinn des Wortes: man denkt miteinander und man denkt zueinander. Pneumatologisches Denken setzt sich selbst nicht absolut, es sucht nicht die azurene Einsamkeit, sondern das Gespräch.

Die Mahnungen zur Einmütigkeit gehen jedesmal an eine konkrete Gemeinde vor Ort, adressiert an alle Glieder der Gemeinde. In unseren Gemeinden richtet sich die Einheit in der Regel nach dem einen Pfarrer. Das Pfarramt, der eine Pfarrer einer Gemeinde entspricht einer christologischen Denkstruktur. Dem einen Christus entspricht schon im Frühkatholizismus der eine Bischof. – Diese Struktur prägt unsere Gemeinden in Deutschland. Damit wird aber die Wirklichkeit der charismatischen Gemeinde in einer Weise präpariert, die einer Verarmung gleichkommt. Pneumatologisches Denken rechnet grundsätzlich mit der Vielstimmigkeit des Geistes. Wenn Paulus als Absender seiner Briefe in der Regel einen oder mehrere Mitarbeiter als Absender benennt, verrät solches Benennen pneumatologisches Denken. – Die Mahnungen zur Einheit im Geist glauben die charismatische Gemeinde, nehmen alle Glieder wahr als Teilhaber am einen Geist und Teilhaber an einem Leib. Die Mahnungen zur Einheit schätzen die Glieder der Gemeinde hoch ein, sie trauen einem jeden den Geist zu, sie sprechen den Vater allen zu, nehmen die einzelnen wahr als solche über, bei, in denen Gott gegenwärtig ist. Hier können wir ahnen, daß pneumatologisches Denken unsere Gemeinden erneuert, wenn wir erst einmal anfangen zu denken!

A. M. Klaus Müller meint, wir seien »angesichts der säkularen Krise der Lebenswelt an einem Punkt angelangt, wo das ebenfalls bisher theoretisch eingelöste ›Priestertum aller Gläubigen‹ ausgedehnt werden muß zum ›Expertentum aller Laien‹« (94). Ich meine, daß es heute not tut, daß unsere Gemeinden pneumatologisch denken lernen, daß es zu einem Expertentum aller Laien in Bezug auf die Einheit kommt. Und sie lernen es vor allem dann, wenn sie entdecken, was sie in und mit dem Heiligen Geist haben. Jetzt wird es Zeit, an die Frage 53 des Heidelberger Katechismus nochmals zu erinnern. Der Katechismus lehrt jeden einzelnen Christen den Geist als Gabe an ihn selber zu betrachten; diese Funktion des Katechismus müssen wir heute übernehmen als Funktion der Seelsorge aneinander, daß einer dem andern zuspricht und aufzeigt immer wieder neu, was er von Gott hat. Die Gemeinde muß in ihren Gliedern heute die Funktion des Katechismus übernehmen. In der herrschenden Geistesarmut ist es nötig, daß einer dem andern das wenige, was vom Geist da ist, aufdeckt. Auf diese Weise wird die Gemeinde zum Ort der Erhöhung aller Erniedrigten. So hat mir eine Dienstmagd erzählt, die Thurneysens Seelsorge erfahren hat, sie als verängstigter Mensch habe sich bei ihm erhoben gefühlt. Pneumatologisches Denken denkt den andern in dem, was er von Gott hat. Indem einer dem andern aufzeigt, daß er etwas von Gott hat, wird einer durch den andern erhoben, werden die Glieder der Gemeinde zu Experten einer neuen Erde. So gehört das Miteinander-Loben, das Einander-Danken zum Vorschein von Zukunft, da Gottes Volk eins wird.

3. Die Umwelt

In der Poesie des Lobes poetisiert pneumatologisches Denken den Ort seiner Vorfindlichkeit. – Dieser Satz wird formuliert angesichts einer Umwelt, die immer mehr verschmutzt. Er wäre ein schlechter Satz, wenn er alles wäre, was wir am Ort unserer wachsenden Umweltkrise zu sagen haben; aber er ist nicht ein letzter, sondern im Grunde ein erster Satz.

Ich erinnere nochmals an die Episode aus der Apostelgeschichte: »Um Mitternacht aber beteten Paulus und Silas und sangen Gott Loblieder« (16,25). Ich nehme an, daß das Gefängnis von Philippi sich nicht durch besondere Sauberkeit auszeichnete, vermutlich roch es dort nicht besonders gut, die beiden nahmen wahrscheinlich mit ihren Sinnen diese ihre verschmutzte und beengte Umwelt wahr; aber das, was sie sahen, rochen und fühlten, wurde präpariert dergestalt, daß mit dem Geist schon die Zusage der

Befreiung im Raume stand (vgl. Lk 4,18). Sie nehmen über ihre sichtbare Wirklichkeit hinaus eine andere Wirklichkeit wahr. Paulus und Silas beten und rücken damit den Ort, an dem sie sich befinden, in den Horizont des lebendigen Gottes. Sie verschieben ihre Situation in eine andere Zeit. Sie präparieren damit die mit ihren Sinnen wahrgenommene Umwelt, ihr Gefängnis, dergestalt, daß das Loch, in dem sie sitzen, zu einem Ort der Poesie wird. Sie »sangen Gott Loblieder«. – Ich möchte sagen: Paulus und Silas im Gefängnis von Philippi dachten pneumatologisch, und dieses Denken machte sie singen.
Das Kennzeichen der ökologischen Krise ist eine tiefe Resignation, die die Mehrheit des Volkes und wohl auch der Gemeinden erfaßt hat. »Man kann nichts machen.« – Paulus und Silas befinden sich vergleichsweise am gleichen Ort. Sie können nicht ausbrechen. Ihre Füße sind im Block, da ist nichts zu machen. Ihre Lage ist wie geschaffen zur Resignation. Aber die sinnlich wahrgenommene Wirklichkeit bestimmt nicht ihre Wahrnehmung; die bleibt ohne Poesie. Was die beiden im Block poesiefähig macht, sind die Psalmen und Lieder Israels und der ersten Gemeinde: damit erfüllen sie den Raum mit einem andern Geist als dem Lokalgeist der Beengung. Der Sang und Klang ihrer Lieder signalisiert schon Freiheit und Befreiung. »Und die Gefangenen hörten ihnen zu.« Da entsteht eine Gefangenengewerkschaft besonderer Art, eine Gewerkschaft der Sänger und Zuhörer, da schließt noch der Block die Füße ein, und da brennen noch die Wunden der Folterung; aber das hat alles nichts mehr zu sagen: »Sieh, die Erde bebt, wenn er sich erhebt.«
Das Geschehen im Kerker von Philippi bedeutet keine Einladung zum Rückzug in eine hymnologische Gartenlaube; vielmehr wird mir klar, wie wir in der Bundesrepublik Deutschland ganz anders singen als die beiden im Block. Unsere Politiker aller Parteien haben nur ein Rezept, das heißt wirtschaftliches Wachstum. Ein Ausländer hat kürzlich gesagt: die Politiker wollen dem Volk den Untergang so angenehm wie möglich machen. – Unsere Kirche hat in einem »Anhang 77« neue Lieder herausgegeben. Ich habe

diese Lieder analysiert und gefunden, daß das Menschenbild einer Art von christlichem Stachanowisten entspricht: Man möchte mehr leisten, als man leistet, möglichst ein Maximum. Der Mensch, der in diesen Liedern singt, versteht sich als Freund und Helfer des anderen, eine Art von christlichem Übermenschen, ein Brückenbauer und Nothelfer allerorten und allezeit. Es ist nicht der Bedürftige, der in diesen Liedern singt, sondern der christliche Macher guter Werke (EvTh 39, 1979, 143ff). Sieht man diese Lieder im Kontext mit den Ausführungen des Physikers, so wird deutlich: das Selbstverständnis des Christen gleicht dem des homo faber, der mit dem Wachstum eben die Überlebenskrise produziert, von der die Lieder im »Anhang 77« nur anhangsweise Kenntnis nehmen; auch ist klar, daß solche Lieder nur zu sehr der Wachstumsideologie entsprechen, mit deren Hilfe die Politiker das Volk betrügen. – Der Hinweis auf unsere Lieder soll andeuten, daß der Gemeinde das pneumatologische Denken fremd ist. Sie denkt wie der Kerkermeister vor der Bekehrung.
Vielleicht läßt dieses negative Beispiel ahnen, was es sein wird, wenn wir als Christen, eingeschlossen mit aller Welt in den Block der ökologischen Krise, anfangen, pneumatologisch zu denken; wir werden andere Lieder singen, neue, ein Haiku, wer weiß, das Gott herbeiruft. Die Überzeugung, »daß nicht genug für alle da sei« wird der Entdeckung weichen, »daß Gott, der Heilige Geist, uns alles geben will und gibt, was alle Menschen und die ganze Schöpfung zum Leben nötig haben«. Diese Entdeckung wird uns singen machen. Wenn erst das Singen sich ändert, wird auch die Technologie neu werden. – Das mag ein wenig phantastisch tönen, aber in einer Umwelt, die den Kopf verloren hat, erscheint der Nüchterne als Phantast. Die Zukunft, in die uns der Heilige Geist leitet, bringt nicht nur unser Denken auf den Weg, sie macht auch unsere Vorstellungskraft mobil und weckt die Phantasie. So wirkt der Geist schöpferisch, daß er uns mit Phantasie begabt, die nach dem »alles« unterwegs ist, das uns »mit ihm« geschenkt wird (vgl. Röm 8,23) und auf diese Weise ihrerseits eine Voraussetzung für Kreativität bildet.

So glaub es mir, mein Zuhörer, auch du hast etwas vom lebendigen Gott, hast Heiligen Geist bekommen. Denk jetzt pneumatologisch, sag Amen zu deiner Gabe.

Wiedergeburt*

> Es war aber ein Mensch unter den Pharisäern mit Namen Nikodemus, ein Vorsteher der Juden. Dieser kam des Nachts zu ihm und sagte zu ihm: Rabbi, wir wissen, daß du als Lehrer von Gott gekommen bist; denn niemand kann diese Zeichen tun, die du tust, es sei denn Gott mit ihm. Jesus antwortete und sprach zu ihm: Wahrlich, wahrlich, ich sage dir: Wenn jemand nicht von oben her geboren wird, kann er das Reich Gottes nicht sehen. Nikodemus sagt zu ihm: Wie kann ein Mensch geboren werden, wenn er alt ist? Kann er etwa zum zweitenmal in den Leib seiner Mutter eingehen und geboren werden? Jesus antwortete: Wahrlich, wahrlich, ich sage dir: Wenn jemand nicht aus Wasser und Geist geboren wird, kann er nicht in das Reich Gottes kommen. Was aus dem Fleisch geboren ist, das ist Fleisch, und was aus dem Geist geboren ist, das ist Geist. Wundre dich nicht, daß ich dir sagte: Ihr müßt von oben her geboren werden. Der Wind weht, wo er will, und du hörst seine Stimme, aber du weißt nicht, woher er kommt und wohin er fährt. So ist jeder, der aus dem Geist geboren ist (Joh 3,1–8).

I.

Wir müssen neu werden. Wir müssen von oben her geboren werden. Wir müssen aus dem Geist geboren werden.
Die Geschichte des Nikodemus ist vorbei. Unsere Geschichte noch nicht, die fängt erst an oder sie geht weiter, und sie soll und darf die Geschichte der Wiedergeburt sein. Das zeigt ein Blick auf den Text. – Wie nötig wir aber die Wiedergeburt haben, zeigt ein Blick auf uns selbst.
Zuerst ein Blick auf unseren Text: Ein genauer Beobachter hat festgestellt, daß er mit einer konkreten Szene beginnt, die keinen Abschluß hat. Das heißt doch: was da zwischen

* Predigt am 7. 5. 1978 in der Peterskirche zu Heidelberg.

Jesus und Nikodemus besprochen wird, soll weitergehen. Der Beobachter hat festgestellt, daß der Dialog mit Nikodemus auf eine Rede Jesu hinausläuft, die im Grunde situationslos ist. Das heißt doch: sie paßt für jede Situation, auch für die unsere. – Der Text beginnt mit einer Erzählung und geht in eine Beschreibung über, wechselt von der Vergangenheitsform zur Gegenwart, vom einzelnen zum allgemeinen. »Es war ein Mensch«, so fängt's an. ». . . so ist jeder«, so hört's auf. Das kann, das darf jeder von uns sein: »So ist jeder, der aus dem Geist geboren ist.« – Der Text zielt auf Gegenwart und wird so zur Frohbotschaft: Die Gegenwart eines jeden ist betroffen. Nirgends steht geschrieben, daß irgendeiner oder irgendeine von uns ausgeschlossen sein sollte und ausgesperrt vom Prozeß der Wiedergeburt.

Das ist doch der Sinn unseres Gottesdienstes, daß das, was Jesus und Nikodemus miteinander verhandelten, an uns geschieht. So verschwindet Nikodemus, um uns Platz zu machen, nicht damit wir auch mit Jesus über Wiedergeburt diskutieren. Sehen wir lieber zu, wie uns geschieht, wenn wir das Evangelium wahr sein lassen.

Schon ein flüchtiger Blick auf uns selbst zeigt, wie nötig und befreiend das Neuwerden für uns ist; denn wir stehen doch heute alle mehr oder weniger, bewußt und unbewußt unter dem Diktat des Zeitgeistes, der uns befiehlt: »Du mußt dich selbst finden. Du mußt mit dir selber übereinstimmen, mußt identisch sein mit dir selbst. Du mußt dich selbst verwirklichen.« Das waren vielleicht einmal gut gemeinte und in gewissen Situationen hilfreiche Ratschläge. Sie haben sich in der Gegenwart zu einem Gesetz ausgewachsen, das den Menschen nicht nur zum Sklaven seiner selbst, sondern auch zum Sklaven von heimlichen gesellschaftlichen Zwängen macht. Da geraten Menschen in Depressionen, weil sie sich selbst für die Verwirklichung zu schwer, schwierig und schwerfällig sind. Da gehen Ehen kaputt, weil ein Teil seine Verwirklichung sucht. Da werden Kinder vor der Geburt getötet, weil sie das Selbst der Eltern stören würden. Da nehmen sich Menschen das Leben, weil sie verzweifeln am Gesetz, das ihnen der Zeitgeist auferlegt.

Der von Gott kam, befreit uns vom Diktat des Zeitgeistes und von den psychischen Zwängen, in die wir geraten sind. Er sagt: »Du kannst ruhig ein bißchen daneben sein. Nicht einmal okay mußt du sein. Du kannst auch mit dir zerfallen sein. Wie verwirklicht oder unverwirklicht du bist, ist nicht so wichtig. Was du *wirst,* das allein zählt. Und du wirst neu durch den Geist, den ich in die Welt bringe.« – Jesus befreit uns von uns selbst, weil er durch seinen Geist uns neu schafft. Diese neue Geburt ist längst eingeleitet.

II.

Und nun laßt uns in der vergangenen Geschichte des Nikodemus die Geschichte entdecken, in der wir uns befinden!
Nikodemus – ein rätselhafter Mensch; aber in der Peterskirche sicherlich kein Unbekannter. In seiner Jugend trug er Jeans. Jetzt kommt er maßgeschneidert. Ein Angehöriger der Bildungs- und Oberschicht, ein Intellektueller, durchaus seines Wertes sich bewußt, eine Nachrufpersönlichkeit, sucht er als Lehrer den Lehrer auf und das des Nachts. – Wie sollen wir dies verstehen?
Vielleicht hat Kohlbrügge recht: »Er wählt die Nacht, da sieht ihn kein Mensch. Der Mensch schämt sich nicht, am hellen Tag dem Teufel zu dienen, um so mehr schämt er sich aber, Christus zu bekennen vor der Welt.« – Vielleicht hat Kierkegaard recht, wenn er den Nikodemus als einen Bewunderer charakterisiert, der »von der Nacht verborgen« unterwegs ist »zu der verachteten Wahrheit«, der immerhin seinen guten Ruf aufs Spiel setzt, aber kein Nachfolger ist. – Vielleicht hat Bultmann recht, der den nächtlichen Gang als »Eifer« kennzeichnet, war doch das nächtliche Studium bei den Rabbinen empfohlen, und der den »Ernst« lobt und die spätere »Treue« des Nikodemus. – Man sieht an den drei Urteilen, wie schwierig ein Nachruf auf eine Nachrufpersönlichkeit ist. – Halten wir fest: Nikodemus nähert sich Jesus mit großem Respekt; er versteht es, dem Besuchten seine Hochschätzung auszudrücken und gleichzeitig seinen eigenen Rang zu unterstreichen: »Rabbi, wir wissen, daß du

als Lehrer von Gott gekommen bist; denn niemand kann diese Zeichen tun, die du tust, es sei denn Gott mit ihm.« – Ein unerhörter Augenblick! Jesus wird von einem Mitglied des Hohen Rates legitimiert, anerkannt. Jesus kann sich freuen. – Die Jesusbewegung bekommt durch die Visite des Nikodemus eine unerhörte Chance. Sie hat mindestens einen Sympathisanten im Hohen Rat. Und die Begrüßung des Nikodemus sieht aus wie ein Koalitionsangebot. Aber Jesus antwortet merkwürdig abweisend und auch wieder merkwürdig einladend in einem; er kontert gegenüber dem »wir wissen« des Nikodemus mit einem doppelten »wahrlich«. Er denkt nicht daran zu paktieren: er sagt seinem nächtlichen Besucher, daß sein Wissen um Jesus nicht ausreicht. Sein Interesse genügt nicht, seine Sympathie für Jesus nützt nichts. Jesus sagt ein doppeltes Nein zu Nikodemus; gegenüber dem Kompliment des Ratsherrn tönt das wie eine Abfuhr für den Bewunderer: »Wenn jemand nicht von oben her geboren wird, kann er das Reich Gottes nicht sehen.«

Da wird deutlich, worum es in der Wiedergeburt geht: Um ein neues Sehen, um ein Sehen nicht von irgendwelcher Beliebigkeit, sondern um das Sehen eines ganz andern. – Wenn ein Mensch geboren wird, sagen wir, er habe das Licht der Welt erblickt. Der Mensch, der geboren wird, beginnt zu sehen. Und das ist der Sinn der Wiedergeburt, daß wir das Reich Gottes sehen! Das Reich Gottes sehen heißt, Gott am Werk sehen in dieser Welt. Der an Jesus nur Interessierte sieht das Reich Gottes nicht. Der Jesus nur bewundert, sieht das Reich Gottes nicht. Er sieht nicht, was von Gott her jetzt da ist, jetzt geschieht. Das Reich Gottes sehen heißt, es als kommend sehen zu allen Völkern. Das Reich Gottes sehen heißt, diese Welt, sich selbst und alle Dinge nicht länger atheistisch sehen, sondern so sehen, wie Gott selbst sie sieht, wie sie vor Gott aussehen. Das Reich Gottes sehen heißt, Gottes Wirken in der Welt wahrnehmen. Wiedergeburt heißt, eine neue Weltanschauung bekommen, die große und die kleine Welt neu sehen.

Ich möchte diese Weltanschauung an einem Beispiel aus der kleinen Welt illustrieren, am Beispiel von Pellkartoffeln.

Walter Lüthi hat einmal erzählt, daß er sie nicht sonderlich liebe; bei einem Abendbrot in einem Diakonissenhaus aber sei es ihm widerfahren, daß er auf einmal die Pellkartoffeln in einem königlichen Glanz gesehen habe, eine Gabe des guten Schöpfers für ihn persönlich. Da schmeckten die sonst eher ungeliebten nach dem Paradies. Sogar in einer Kartoffel kann man das Reich Gottes sehen! Eine neue Weltanschauung, das heißt: die Schöpfung im Danken sehen. Das Reich Gottes sehen heißt: ins Danken hineinkommen. Und nicht wahr, das wäre doch schön, mein Zuhörer, wenn du in deiner Welt die Herrschaft Gottes sehen könntest, wenn du jeden Tag etwas zu danken hättest, weil du gewahr wirst, was Gott dir Tag für Tag schenkt.
Wie schön wäre es, wenn wir als Gemeinde eine Vereinigung würden, die einander hilft, die Herrschaft Gottes zu sehen. Und das wird, liebe Gemeinde, das wird durch Gottes Geist, das wird durch die Wiedergeburt. Da zeigt einer dem andern das lebendige Wirken des lebendigen Gottes. Gemeinde wird so zur Sehschule fürs Himmelreich. – Ich möchte an einem Gleichnis zeigen, worum es geht: Im Jahre 1939 war ich acht Tage in der Pradoausstellung in Genf, traf dort einen flämischen Maler. Ich werde nie vergessen, wie schön das war, miteinander die Bilder zu entdecken, Bild für Bild einander auf das Können der Künstler und auf verborgene Schönheiten hinzuweisen. – Vier Augen sehen mehr als zwei. Der flämische Maler teilte dem Gymnasiasten sein Wissen mit. Und der Gymnasiast freute sich, wenn er etwas sah, das der Maler noch nicht entdeckt hatte. – Eine solche Gemeinsamkeit des Sehens kommt durch die Wiedergeburt zustande. Da zeigt einer dem andern, was der große Künstler Schönes tut. Da kommt es zu einer gegenseitigen Freude des Entdeckens und zu einem Staunen über die Schönheit, die die Welt erlösen wird.
Nikodemus aber entdeckt nichts. Er kennt nur seine Welt mit ihren Möglichkeiten. Für ihn bleibt Kartoffel Kartoffel. »Er weiß, was denkbar und nicht denkbar ist. Er hat genug erfahren, um die Grenzen seiner Welt mit ihren Möglichkeiten zu kennen« (G. Eichholz). Darum protestiert er im Namen seiner Logik gegen Jesu Wort, und ich kann mir

denken, daß ein müdes Lächeln seinen Einwand begleitet. Die Kenntnis der Welt stimmt ihn melancholisch: »Wie kann ein Mensch geboren werden, wenn er alt ist? Kann er etwa zum zweitenmal in den Leib der Mutter eingehen und geboren werden?« Nikodemus stellt Jesu Wort in Frage, und das ist unser maßgeschneidertes und modisches Elend, daß wir Fragen stellen, die wir Gott und seinem Geist entgegenhalten wie einen Schild, um uns Gott und sein Wort vom Leib zu halten. – Novalis hat wohl recht, wenn er vermutet, daß im Grunde jede Frage – »Was ist das?« und »Warum?« am Ende eine dumme Frage sein könnte. – Jesus geht denn auch nicht auf die Frage des Nikodemus ein. Er antwortet als der, der von oben kommt und der Geist bringt. Er antwortet noch einmal mit einem doppelten »wahrlich«, antwortet noch einmal mit einer doppelten Negation: »Wahrlich, wahrlich ich sage dir: wenn jemand nicht aus Wasser und Geist geboren ist, kann er nicht in das Reich Gottes kommen.« Der Nikodemus bekommt in seinem Zweifel und in seiner Skepsis recht. »Nikodemus, du guter, ein Embryo kannst du nicht wieder werden. Das mußt du auch nicht. Die zweite Geburt ist ganz anders als die erste.« Und da bekommt nun der Neunmalkluge ganz und gar unrecht. Und das ist hart für einen Menschen, der es weit gebracht hat: »Wenn jemand nicht aus Wasser und Geist geboren ist, kann er nicht in das Reich Gottes kommen.«

Geburt aus dem Wasser. Das heißt Geburt aus dem Element, das reinigt und belebt. Der aus dem Wasser Geborene, der hat etwas vom Wasser an sich, etwas Durchsichtiges, Reines. Aus dem Wasser geboren werden wir in der Vergebung. Geburt aus dem Wasser. Das heißt Wiedergeburt aus Vergebung. Darum ist da vorn im Chor der Abendmahlstisch gedeckt, da essen wir und trinken wir als Menschen, die neu werden durch Vergebung.

Geburt aus dem *Geist!* – Geist ist das, was vom Auferstandenen schon da ist. Ein Impuls! Geist versetzt zum Beispiel einen Walter Lüthi einer Kartoffel gegenüber in Entzücken. Geist versetzt ins Staunen über den lebendigen Gott, schenkt die Möglichkeit, sein Schöpferwirken in Natur und

Geschichte zu erkennen. Geist erkennt Gottes Schönheit und Herrlichkeit, begeistert zum Danken und befreit den Menschen vom Zwang, ein Selbst zu sein. Geburt aus dem Geist, das heißt: ich selbst, das Finden meiner selbst, das Verwirklichen meiner selbst, kann meine Sorge nicht mehr sein; denn was aus dem Selbst geboren ist, das ist ein Selbst. Was aus dem Fleisch geboren ist, das ist Fleisch, und was aus dem Geist geboren ist, das ist Geist. – Wenn Jesus hier vom Fleisch redet, so ist das der ganze Mensch. Dem ist das Reich Gottes versperrt. Der kann es nicht sehen, der kommt auch nicht hinein. Zu Gott kommt nur, wer sich von Gott umschaffen läßt. Billiger geht's nicht.

Aber nun macht Jesus noch eine dritte Aussage, für einen Mann, der in den Gremien des Tempels sitzt, wohl die schwierigste; bevor er ins Schweigen sich verbirgt, fragt er dann noch einmal, und es klingt schon ärgerlich: »Wie kann das geschehen?« Geburt aus dem Wasser? Geburt aus dem Geist? Geburt aus dem Wind? Ja, aus dem Wind – »Der Wind weht, wo er will, und du hörst seine Stimme, aber du weißt nicht, woher er kommt und wohin er fährt. So ist jeder, der aus dem Geist geboren ist.« – Das Wasser fließt zu Bach und Fluß. Der Wind läßt sich nicht in gleicher Weise kanalisieren. Er hat mehr Freiheit als Wasser. Der neue Mensch bleibt in seinem Woher und Wohin verborgen; er läßt sich nicht kanalisieren und nicht kalkulieren. Darum haben die Tyrannen an allen Orten und zu allen Zeiten den neuen Menschen verfolgt, eingesperrt und getötet. Aber sie haben nicht vermocht, ihn auszurotten. Geburten können kontrolliert, verhindert werden, die Wiedergeburt entzieht sich der Kontrolle. Das ist auch dem Tyrannen in uns selbst ärgerlich.

III.

Liebe Gemeinde, die Geschichte des Nikodemus ist vorbei; aber die Geschichte unserer Wiedergeburt ist noch nicht vorbei, die fängt erst an oder sie geht weiter. Daß Jesus so vielfältig von dieser Geschichte spricht, zeigt: es ist keine einfache Geschichte. Wäre sie einfach, würde es wohl genügen, wenn er in einem Begriff oder Bild sie uns darlegte. Nun aber heißt Wiedergeburt: Geburt von oben her, aus Wasser, aus Wind, aus Geist. Die einen haben sie erfahren als einen Gottessturm, datierbar, für andere ist sie ein unmerklicher Prozeß. Es gibt ja schon in den irdischen Geburten langsame Abläufe und plötzliche, schwere und leichte. Ich denke, sie wird so lang und so kurz, so schwer und so leicht sein wie das Kommen des Reiches Gottes selbst.

Auf eine Schwierigkeit möchte ich noch hinweisen, die wir Menschen heute vielleicht in besonderem Maße haben: Es gibt eine Königin des Himmels und der Erde, grausam und schön, eine Göttin, der wir besonders an Schulen und Hochschulen Opfer darbringen. Diese Göttin des akademischen Himmels heißt Leistung. – In dem Maße, wie wir dieser Göttin dienen, sind wir erfüllt von Leistungsreligion, und in dem Maße, wie wir in dieser Religion drinstecken, in dem Maße ist uns die Nachricht von der Wiedergeburt ärgerlich. Wir möchten doch selber was aus uns machen. Aber nun verweist Jesus auf Wasser und Wind, auf den Himmel und auf Geist, und da stellt sich heraus: Mit uns wird etwas gemacht!

Wir müssen neu werden. Jawohl, aber wir können nicht aus unserer Haut fahren. Wir müssen von oben her geboren werden, aber wir können uns nicht selbst neu machen. Wir müssen aus dem Geist geboren werden, aber wir können nichts dazu tun. Vielleicht ist dies das Schmerzlichste für uns Leistungstolle, daß unser Heil nicht im Tun liegt, sondern im Werden; denn Gottes Reich besteht in Personen, und wir müssen zuerst etwas werden, bevor wir wirken können. Wir tun zuviel und werden zu wenig. Darum übernehmen wir uns. Und darum muß Gott etwas mit uns und aus uns machen. Und darum ist Sonntag.

Mit dem Geist bekommen wir Väter und mit den Vätern einen Geist

»Geistliches Denken hat sein Wesen im Empfangen« (vgl. oben S. 10). Diesen Satz gilt es in einer bestimmten Richtung auszulegen. Alles Empfangen hat ein Woher und alles Empfangen verändert. Alles Empfangen intendiert neue Geburt. Das Woher, das hier zu entdecken ist, sind die Väter, und neue Geburt verweist auf neue Väter. Meine These lautet: *Mit dem Geist bekommen wir Väter und mit den Vätern einen Geist.* Im Geist bleiben wir nicht vaterlos. Ich spreche von »Vätern« und rechne die »Mütter« hinzu.

Würde ich konsequent meinem Ansatz folgen, müßte ich jetzt von meinem leiblichen Vater erzählen, von dem ich viel empfangen habe, dann von den Vätern, die der Geist mir gab. – Aber ein solches Unternehmen stände insofern dem pneumatologischen Denken entgegen, als die Konzentration auf das schreibende Subjekt diesem fast notwendigerweise eine paradigmatische Funktion zumessen würde, die der Polyphonie des Geistes widersprechen könnte. Darum scheint hier geboten, was mir im ersten Gedankengang (vgl. oben »Das pneumatologische Denken«, S. 17f) verwehrt war. – Immerhin bleibt anzumerken, daß die folgenden Überlegungen entstanden als eine Art Vorwort zu einer größeren Arbeit über Eduard Thurneysen, der mir Lehrer war und Freund – ein geistlicher Vater. Der autobiographische Zusammenhang soll nicht geleugnet werden.

I. Vaterlosigkeit

Ich brauche meine These nur zu formulieren, um deutlich zu machen, daß die Geistlosigkeit und Geistesarmut von Kirche und Theologie zusammenhängt mit der Verflechtung in eine Gesellschaft, die unterwegs ist zur Vaterlosigkeit (vgl. Alexander Mitscherlich, Auf dem Weg zur vaterlosen Gesellschaft, 1973).

Samuel Beckett hat im »Endspiel« dem Vater eine Mülltonne als Logis angewiesen; er wohnt am Ort des Wegwurfs, wo er nur gelegentlich den Deckel heben darf.

Bruno Schulz hat in seinem Roman »Die Zimtläden« den Vater als einen verstaubten ausgestopften Vogel konzipiert, dem niemand Beachtung schenkt. Am Ende existiert er noch als Küchenschabe im Müll und Unrat. Er stirbt mehrmals – gleichsam in Raten.

Die Bilder von Beckett und Schulz illustrieren die Rolle des Vaters in unserer Gesellschaft, in der man es ablehnt, von gestern zu sein und darum keine Gegenwart hat. Die Gültigkeit der Aussagen scheint mir von den zahlreichen literarischen Auseinandersetzungen mit den Vätern nirgends in dem Maße erreicht wie bei den beiden hier genannten Autoren (vgl. Hubertus Tellenbach, Das Vaterbild in Mythos und Geschichte, 1976, 9f und Tobias Brocher, Später Aufstand gegen die Väter. Zu aktuellen Romanen über den Generationenkonflikt, in: EvKomm 13, 1980, 507ff).

In Kirche und Theologie geht es den Vätern nicht besser. Sie finden in der Mülltonne keine Beachtung. Man behandelt sie als verstaubte ausgestopfte Vögel.

Dies wäre deutlich zu machen etwa an der Behandlung, die Thurneysen in der zeitgenössischen theologischen Literatur erfährt. Man zählt ihn zu den »Vätern der Dialektischen Theologie«, zu den »Vätern der theologischen Erneuerung«; er gilt als Vertreter »der klassischen Seelsorgelehre«. Solche Wendungen markieren in der Regel Distanz; man schreibt ihn fest, nicht er zählt, man zählt ihn. Man blickt nicht in die Richtung, in die er zeigt, man blickt auf ihn, und »klassisch« ist immer schon vergangen. Als »Vater« teilt er das Schicksal der Väter unserer Zeit: die Väter sind schuld daran, daß wir sind, wie wir sind. Wir wollen anders sein. Darum weg mit den Vätern. In theologischen Diskussionen wird er in die Mülltonne geworfen, meist mit rascher Handbewegung. Und in zeitgenössischen Seelsorgebüchern sitzt er wie ein verstaubter ausgestopfter Vogel auf einem dürren Ast. Er hat nichts mehr zu sagen und zu singen, auch zu verschenken hat er nichts mehr. Man könnte das, was ich hier für das Feld der Seelsorge nur andeute, auch an anderen Sparten der Praktischen Theologie und der kirchlichen Praxis aufzeigen. Gerade die Väter, die in den tausend Jahren deutscher Gottvergessenheit das Evangelium bekannt haben, werden ins Abseits gestellt – allemal mit vermeintlich guten Gründen. Die Verluste aber, die dadurch der Kirche, der Theologie und damit auch der Gesellschaft erwachsen, sind noch nicht addiert.

Was die theologische Literatur signalisiert, spiegelt auch die studentische Jugend wider. Höchst selten treffe ich auf einen Studenten, der einen Lehrer hat, der Schüler geworden ist in der Weise, daß er sich an einen Lehrer anschloß. Ein Student schreibt in einem Brief, er würde sich nie einem theologischen Lehrer anschließen wollen. Das würde im Widerspruch stehen zu seinem Begriff von Freiheit. – Ein solches Votum verwechselt Bindungslosigkeit und Haltlosigkeit mit Freiheit. Mit einer solchen Haltung wird er eine Theologie wohl immer nur treiben können unter dem Vorzeichen der Entfremdung. Er wird theologisch an Ichschwäche leiden und heimatlos vegetieren als Repräsentant einer vaterlosen Gesellschaft. – Wer geistig ohne Vater existiert, bleibt verwaist. Ihm fehlt ein Haus der Rückkehr und des Aufbruchs: das Vaterhaus. Wer im Geistigen und Geistlichen ohne Vater vegetiert, bleibt geistlos. Verdrängte, vergessene Väter segnen nicht. Ein ausgestopfter Vogel, der verstaubt, bereichert die Existenz nicht: Geist aus der Mülltonne schafft keine neue Kreatur.

In Becketts »Endspiel« sitzt der Sohn Hamm wie blind und gelähmt in einem Lehnstuhl, lebt mit einem Stimulanzmittel am Morgen und einer Schlaftablette am Abend. Zu Beginn bedeckt ihn ein Leintuch wie eine Leiche. Am Schluß will er ein blutbeflecktes Taschentuch behalten. Der Sohn entspricht dem Vater. Mülltonne und Lehnstuhl entsprechen einander. Der Immobilismus der Kirche entspricht ihrem Unterwegs-Sein zu einer vaterlosen Gesellschaft. Mülltonnenväter haben keine Lebenskraft weiterzugeben.

Aber nun wird nicht Hamm zum Schlüsselwort einer Generation, sondern Narziß, der Götterjüngling, der spröde, schöne, der in der Mittagshitze im Brunnen sein Bild entdeckt und danach verschmachtet, auch ins Wasser stürzt möglicherweise. Narziß, der Jäger, der zur Blume wird, welch eine Chiffre, neu übermalt von Sigmund Freud und seinen Nachfahren: Narziß, der Mensch, der an sich selbst zugrundegeht, weil er sich selbst im Quell begegnet. – Was sind das für Familienverhältnisse: der Vater in der Mülltonne, ein ausgestopfter Vogel, eine Küchenschabe, und der Sohn ein Götterjüngling, der in sich selbst verliebt verschmachtet. Ein »Endspiel« auch hier. – Eine Generation, die keine die Richtung weisenden Väter hat, blickt notgedrungen auf sich selbst. Wenn den Christen aufgetragen ist, die Zeichen der Zeit zu erkennen, dann sind die Mythen und Symbole wichtig, in denen sich der Zeitgenosse wiederfindet, an denen wir selber um so größeren Anteil haben, als wir uns dessen nicht bewußt sind.

Es würde sich lohnen, einmal die faszinierenden Auslassungen von *Erich Fromm* zum Narzißmus mit dem Mythos selbst zu konfrontieren (vgl. Die Seele des Menschen, 1979, 61ff mit Art. Narkissos, in: Pauly/Wissowa, Real-Encyclopädie der klassischen Altertumswissenschaften, Bd. 16, Sp. 1721ff).

Vermutlich würde sich zeigen, daß unser Reden vom Narzißmus sich weitgehend vom Mythos freigeschwommen hat. Warum aber wird Narziß dann zu einer Art hermeneutischem Schlüssel für das Verständnis des Menschen in der Gegenwart? Öffnet er am Ende eine falsche Tür? Was den Zeitgenossen ohne weiteres einleuchtet, hat in der Regel teil an der Lüge, mit der sich eine Generation betrügt. Das wäre ein Thema für sich und tangiert nicht das Wahrheitsmoment des Mythos.

Ich begnüge mich damit, den Narzißmus als Zeiterscheinung an zwei Beispielen zu verdeutlichen: Der Berliner Maler *Johannes Grützke* malt als »Allegorie der Musik« ein doppeltes Selbstporträt – der Künstler nimmt sich »buchstäblich selbst auf den Schoß« und geigt sich selbst im Alter ego etwas vor (vgl. Zeitmagazin Nr. 37 vom 5. 9. 1980, 42f). Die Spannung zwischen den beiden Selbstporträts drückt m. E. die Ambivalenz des zeitgenössischen Narziß im Verhältnis zu sich selber aus. Eine erotische Komponente: Der Künstler, im Lehnstuhl sitzend, blickt beinahe triumphierend. Er hat eine Eroberung gemacht. Der Fiedler auf dem Schoß trägt eine kurzes Röckchen und zeigt seine Knie. Der im Stuhl hat seine rechte Hand auf des anderen Hüfte gelegt. Mit der Linken aber stützt er sein eigenes Kinn. Diese Haltung verdeutlicht Distanz. Ob der im Stuhl seinem Double überhaupt zuhört, weiß man nicht, und dieses spielt etwas starr vor sich hin. Die erotische Komponente wird aufgehoben durch die Beziehungslosigkeit, in der die beiden Figuren zueinander stehen. Eros und Thanatos erscheinen in diesem Selbstbildnis gleichzeitig.

Ich meine, Johannes Grützke hätte sein Selbstbildnis in Gegenwart seines Vaters so nicht malen können. Die Ambivalenz im Miteinander der beiden Figuren läßt ahnen, daß der im Lehnstuhl einmal genug hat von dem, der ihm auf dem Schoß sitzt, wenn der auf dem Schoß nicht vorher das Fiedeln leid geworden ist. Der eine wie der andere wird dann auf Reisen gehen, denn sie haben nichts voneinander, sie empfangen nichts. Den der im Stuhl aus sich heraus auf seinen Schoß setzt, ist keine neue Geburt. – Wer keinen Lehrer, keinen Vater hat, geigt sich selbst etwas vor. Er selbst ist sein eigener Sohn, auch sein eigener Vater und darum in sich gespalten.

»›Mit tränenüberströmtem Gesicht‹: Unter diesem Titel trat im Juni 1979 eine Gruppe von Schauspielern in einer Düsseldorfer Messehalle auf. Ihre Vorstellung hatte einen Titel, aber kein Stück. Im Verlauf des Abends stellte sich ein Schauspieler vor das Publikum, deutete mit dem rechten Zeigefinger auf seine linke Hand und sagte: ›Dies ist meine linke Hand.‹ Er schritt die Front der Zuschauerblöcke ab und wiederholte diese kleine Szene alle paar Meter. Dann zeigte er seine anderen Körperteile nacheinander einzeln vor, und er zog sich dabei aus, so daß alles sichtbar wurde, was er vorzuzeigen hatte. Schließlich war er beim letzten seiner Glieder angelangt, und damit kein Zweifel entstehen konnte, worum es sich dabei handelte, benannte er es immer, sanft, drastisch und geduldig« (FAZ Nr. 201 vom 30. 8. 1980; Vorabdruck aus *Georg Hensel,* Das Theater der siebziger Jahre). Der Vater sitzt nicht im Publikum, wenn der Schauspieler sich in seinen einzelnen Gliedern zur Schau stellt. Es ist merkwürdig, daß unsereiner sich beim Lesen dieser Schilderung sofort an so viele theologische Diskussionen erinnert, in denen etwas Ähnliches passierte wie in der Düsseldorfer Messehalle – rein spirituell versteht sich. Man zeigt Gefühle vor, »sanft, drastisch und geduldig«, benennt Teilstücke seiner selbst und führt sie vor Augen mit einem sanften Hang zur Selbstentblößung.
Wenn man weiterliest, fühlt man sich erst recht an kirchliche Verhältnisse erinnert: »Narziß, in sich selbst versunken, hat zum Auseinanderfallen der Kräfte geführt, durch deren Zusammenwirken Theater entstehen könnte: zur Emanzipation vom Autor; zum isolierten Bühnenbildner; zum isolierten Regisseur; zum isolierten Schauspieler. Sie alle sind auf dem Ego-Trip«.

Die Schwäche von Kirche und Theologie ist der Mangel an Übereinstimmung mit dem »Autor«, will heißen, mit der Heiligen Schrift, das Auseinanderfallen in einzeln Agierende, der Mangel an Koordination. Die Parallelen sind fatal. Vielleicht ist der Ego-Trip geradezu ein Kennzeichen zeitgenössischer Religiosität. –
Wenn ich versuche, Samuel Beckett, Bruno Schulz mit Johannes Grützke und dem Düsseldorfer Schauspieler zusammenzusehen vor dem Hintergrund der Altersheime, in denen die Alten kaserniert werden, und dem jugendlichen Tourismus; dann erweist sich eine Konvergenz zwischen Alten und Jungen und für die Pneumatologie die Aufgabe, den Begriff *Gotteskindschaft* aus der biedermeierlichen Enge herauszuführen und seinem Wesen nach neu zu entdecken. Vielleicht vermag unsere These hierzu eine Hilfe zu leisten. Der Geist schenkt Väter und Väter schenken einen Geist: Wir werden zu Erben.

II. Von der Vaterlosigkeit zur Kindschaft

Die Evangelien berichten, da Jesus ins Wasser steigt und getauft wird, geschieht dreierlei: Der Himmel öffnet sich, entläßt den Geist, der sich wie eine Taube auf den Getauften senkt. Eine himmlische Stimme erklärt den Getauften als den geliebten Sohn (Mt 3,13–17par). Der Geistbegabte ist der Gottessohn.
Die Struktur der Jordantaufe wiederholt sich in ähnlicher Weise in der Geistaussage des Römerbriefs: »Denn alle, die vom Geist Gottes getrieben werden, die sind Söhne Gottes« (8,14). Dieser Geist ist der Geist, der verliehen wird bei der »Annahme an Sohnesstatt« (8,15). – Ein Unterschied ist wohl zu beachten: Anstelle der Himmelsstimme scheint der ekstatische Schrei, der Gebetsruf »Abba« laut zu werden. Nun tönt es nicht mehr von oben nach unten, sondern von unten nach oben. Dennoch fehlt die Himmelsstimme nicht, wenn sie auch nicht phonetisch hörbar zu sein braucht: »Eben dieser Geist bezeugt samt unserem Geiste, daß wir Kinder Gottes sind« (8,16).

Im Geist, mit dem Geist sind wir nicht mehr vaterlos; da wird der Narzißmus überwunden, da ist man mit sich selbst am Ziel.

»Unser Eigenes *ist* ja gar nicht unerlöst, menschlich-irdisch, es ist *Gottes*. Wir haben nichts Besonderes nötig. Wir dürfen uns selbst sein. Wir vertreten gerade damit Gottes Sache. Sie ist nicht neben uns und über uns, wir sind mitten in ihr« (*Karl Barth,* Der Römerbrief, 1919, 236).

»Wir dürfen uns selbst sein«, und dieses Selbst wird geprägt, gestärkt und erweitert dadurch, daß wir nicht nur einen irdischen Vater haben, daß wir hineingenommen werden in die Mitte von Gottes Sache, wo uns Väter zuwachsen. Weil unser Eigenes nicht unerlöst ist, sind wir Söhne, wie Jesus von Nazareth Sohn ist, hineingenommen in die Dyade des einzigen Sohnes mit dem Vater. Weil unser Eigenes nicht unerlöst ist, soll und darf es nicht in seiner Kümmerlichkeit erstarren; es wird reich im Erbe der geistlichen Väter.

Es wird gut sein zu bedenken, daß der lebendige Gott ein Gott ist der Väter. Er blieb nicht allein und für sich Gott, sondern er wurde Israels Gott als Gott der Väter, und er ist nicht anders unser Gott denn als Gott der Erzväter – der Kirchenväter – und unserer Väter. An entscheidender Stelle, wenn die Sadduzäer eine Fangfrage nach der Auferstehung stellen, zitiert Jesus: »Ich bin der Gott Abrahams und der Gott Isaaks und der Gott Jakobs«, und er fügt hinzu: »Er ist nicht ein Gott von Toten, sondern von Lebendigen« (Mt 22,32). Damit verknüpft er die Gegenwart mit den Erzvätern, holt sie ins Heutige und in die Zukunft der Auferstehung. – In der Apostelgeschichte wird zweimal solenn behauptet: der Gott der Väter hat Jesus auferweckt (3,13; 5,30); die Auferstehung Jesu und die Väter Israels gehören zusammen und die Väter, die nach der Auferweckung kamen, gehören erst recht zu ihm; denn er wäre nicht der Gott der Lebendigen, wenn er nicht auch der Gott der Väter wäre, die unsere Väter werden.

Gottes Lebendigsein hängt mit den Vätern zusammen und die Väter mit seinem Lebendigsein. Zur Geistesgegenwart gehören die Väter. Wir haben den lebendigen Gott nicht ohne die Väter. Unser Gottesverhältnis und unser Verhältnis zu den Vätern ist wohl zu unterscheiden, aber nicht zu trennen. – Um diesen Sachverhalt einsichtig zu machen, gehe ich aus von Gal 3. Ich nehme den Text als Einheit, verstehe ihn als Kapitel vom Geistempfang der Gemeinde unter der Leitfrage: »Habt ihr den Geist aus den Werken des Gesetzes empfangen oder aus der Predigt vom Glauben?« (3,2)

Nach den Fragesätzen, die die Galater in Frage stellen, kommt der Vergleich mit Abraham. Von der geistschenkenden Predigt (3,5) rekurriert Paulus auf den Erzvater und verknüpft die Glaubenden mit ihm (3,7b). Die Glaubenden werden Abrahamssöhne und die Abrahamssöhne werden »mit dem gläubigen Abraham gesegnet« (3,9). Offensichtlich gehören Geistempfang, der Empfang von Wunderkräften und der Segen zusammen. Der Geist aktualisiert den Abrahamssegen: im Geist gehöre ich zu Abraham und er zu mir.

Christus, als Gekreuzigter den Galatern vor Augen gemalt (3,1), ist der Abrahamit sondergleichen, sein eigentlicher, im Grunde sein einziger Nachkomme (3,16). Durch den Glauben werden die Heiden Abrahamiten und als Abrahamiten Gottessöhne. Die Argumentation gleicht in diesem Kapitel einem Wirbeltanz, das dreht sich rechtsherum und linksherum, von Abraham zu Christus und von Christus zu Abraham. Es kann einem Hören und Sehen vergehen bei einem solchen Wirbel. Atemholend wäre festzustellen: Wie im Johannesevangelium Christus die Rolle eines Wegbereiters für den Geist bekommt, so wird hier Christus zum Mittler zwischen den Heiden und Abraham, dessen Bund sich offenbar mit dem Kommen des Geistes erfüllt. Das neue Sein der Gemeinde wird im Präludium des jüngsten Tages mit dem Anfang des Gottesvolkes verknüpft: So steht der Kreuzestod sozusagen im Dienst Abrahams, zielt darauf hin, daß »den Heiden der Segen Abrahams zuteil würde in Christus Jesus, auf daß wir als verheißene Gabe den Geist empfingen durch den Glauben« (3,14). Mit der Inkorporation in den Segen Abrahams ist der Geistempfang verbunden. Die Heiden finden ein neues Selbst, ein neues Sein, finden sich vor als »Abrahams Söhne« (3,7b), als »Söhne Gottes« (3,26). Da wechselt der Apostel vom Wirbeltanz

hinüber ins Singen. Da tönt es dreimal »Ihr alle«: »Ihr alle seid Söhne Gottes« (3,26) – »Ihr alle ... habt Christus angezogen« (3,27) – »Ihr seid alle einer in Christus Jesus« (3,28). Eine neue Qualität, ein neues Habit und eine neue Zählung; das hat Folgen. In das dreimalige »Ihr alle« wird zuletzt eine dreimalige Verneinung im Weder-Noch eingebaut, betreffend Rasse, Klasse und Sexus: das dreimalige »Ihr alle« hebt heraus aus den alten Verhältnissen. »Da ist nicht Jude noch Grieche, da ist nicht Sklave noch Freier, da ist nicht Mann und Weib« (3,28a). Rasse, Klasse, Geschlecht sind mit dem Anziehen Christi sozusagen ausgezogen und werden im neuen Sein überholt. Die Generationen bleiben aber in dieser Reihe ungenannt, sie werden nicht »ausgezogen«.
Dies wirkt um so erstaunlicher, als es in der Jesustradition um Gottes Willen eine Polemik gegen den Vaternamen gibt: »Und ihr sollt niemand euren Vater heißen auf Erden; denn einer ist euer Vater, der im Himmel ist« (Mt 23,9). Das frühe Christentum zeigt keine Familienseligkeit. Irdische Vaterschaft wird in Frage gestellt. Der Entzweiung bringt, läßt es zur Entzweiung kommen zwischen Vater und Sohn, zwischen Sohn und Vater, wie zwischen Mutter und Tochter, Tochter und Mutter (Lk 12,51–53). Macht Jesus den Haß gegenüber seinem Nächsten zur Vorbedingung der Jüngerschaft, nennt er das Hassen des Vaters zuerst (Lk 14,26).
In der Linie dieser Jesustradition wäre es naheliegend gewesen, die Trias zu erweitern: »Da ist nicht Vater und Sohn, Mutter und Tochter.« Da es aber um ein neues Geschlecht geht, wird im Überholen der rassischen, sozialen und geschlechtlichen Bedingungen nicht bloß über die Generationenfolge Schweigen gewahrt, ausdrücklich wird eine neue Tradition eröffnet, eine Tradition, die nach vorn reißt, eine Tradition von einem neuen Vater her: Im neuen Sein, im Geist, kommt es zur Findung neuer Väter. So expliziert ein Zusatz zur Trias der Negationen den einen Geist und seinen Empfang: »Ihr alle seid einer in Christus Jesus« (3,28). Aus diesem Zusatz zieht Paulus eine Folgerung, die nochmals einen Parallelismus enthält, den von

»Nachkommenschaft« und »Erben«: »Wenn ihr aber Christus angehört, seid ihr ja Abrahams Nachkommenschaft, Erben gemäß der Verheißung« (3,29). Das emphatische, das ganze Kapitel bilanzierende »Ja« zielt nochmals auf Abraham, läßt den Status der Nachkommenschaft Abrahams als Steigerung gegenüber dem Status der Gesellschaft erscheinen. Was als Steigerung erscheint, meint eine Konkretisierung der Freiheit vom Gesetz.

Die Einheit im Geist wird nach rückwärts mit der Tradition verkoppelt. Das neue Selbst ist familiär, gewinnt einen Vater. Symbol sozusagen eines Antiödipus: der Vater wird nicht getötet, er wächst zu. Er muß nicht in Raten sterben. Er tritt vor uns hin.

Die ganze Auseinandersetzung um Geistempfang, um die Relation von Gesetz und Evangelium wird unterstrichen durch den Hinweis auf diesen neuen Familienstand, der einen neuen Rechtsstand impliziert: den der Erbberechtigung. Das neue Sein bekommt nicht nur ein Kleid, es bekommt als weitere Umgebung und weiteren Schutz eine Familie: einen Vater, der nach vorn weist.

Paulus ringt mit den Galatern um das rechte Verständnis Abrahams, wenn er mit ihnen über Evangelium und Gesetz streitet: durch den Sohn werden wir Söhne Gottes und als Söhne Abrahamiten. Ohne den Sohn geht uns Abraham nichts an. Im Heiligen Geist aber wird Abraham unser Vater und wir werden erbgenössig: die Segensverheißung an Abraham (Gen 12,3) erfüllt sich in der Geistausgießung; im Empfang des Geistes nehmen die Heiden teil am Segen Abrahams. Er wird zum Vater von uns allen (Röm 4,16).

Das neue Sein ist kein ungeschichtliches Sein. Es ist ein Sein vom Gestern ins Morgen. Was ich hier mit dem Namen Abrahams universell und theoretisch sage, gilt in Christus partiell und praktisch von jedem Vater in Christus. Im neuen Sein gewinnen wir neue Väter und Israels Weisheit bewährt sich: »der Stolz der Kinder sind ihre Väter« (Spr 17,6).

Wir haben von Gal 3 her einen Horizont gewonnen, in den wir die Frage nach dem geistlichen Vater einbringen können. Indem wir von Abraham her auf geistliche Vaterschaft schließen, schließen wir vom Großen aufs Kleine, von den Erzvätern auf die Kirchenväter, von den Kirchenvätern auf unsere Väter in Christo. Und ein Vater, der im Auferstandenen sein Wesen hat, bleibt nicht stumm. Obwohl das Auge brach und die Lippen sich schlossen, redet er zu uns, lebt er mit uns im Medium der Sprache. In der Sprache und durch die Sprache schenkt uns der Geist Väter, indem wir ihnen das Wort geben. – Thurneysen hat in der Zuwendung zu Hermann Kutter als »Gehalt alles sinnvollen Redens von Generation zu Generation« »zuletzt und zutiefst« »das Gespräch über Gott« bezeichnet (ZdZ, 1923, 3f). Im Gespräch mit den Vätern vererben diese den Söhnen ihren Reichtum. Das Volk Gottes lebt als Ökumene quer durch Welt und Zeit. So wie es ein Volk ist in allen Nationen, so ist es ein Volk mit allen Generationen.

III. Segen der Väter

Das Schöpferische des Geistes, das wir mit den Vätern bekommen, verdichtet sich in einem Wort: Was der Geist von den Vätern her wirkt, was uns im Gespräch mit den Vätern vom Namen her zufällt, begreifen wir als »Segen«. Im Segen wird der Geist, der uns Väter schenkt, und sich uns mit den Vätern schenkt, wirkende Wirklichkeit. Geistesgegenwart wird fruchtbar, spürbar, faßbar. In Gottes Großfamilie, im Volk des Neuen Bundes, eingesetzt in Abrahams Erbrecht, vermögen geistliche und leibliche Väter zu segnen.

Nach *Claus Westermann* ist der Segen in den Vätergeschichten »die vom Vater an den Sohn weitergegebene Lebenskraft . . . (die) Kraft der Fruchtbarkeit und (die) Kraft des Gedeihens« (Der Segen in der Bibel und im Handeln der Kirche, 1968, 56f). Väter, die etwas von Gott haben, vermögen dieses »etwas von Gott« weiterzugeben, und sie vermehren damit die Lebensqualität der Söhne, vermehren das Leben selbst.
Etwas von Gott haben, heißt, etwas von seinem Tun haben. In der tätigen Gegenwart Gottes wurde auch ein Mensch tätig, der vor uns lebte. In seinem Leben war etwas von Gott da, etwas Bewegendes, Begleitendes, das nun die Söhne weiterbewegt, weiterbegleitet.

Klaus Seybold weist darauf hin, »daß dem Segen eine begleitende Funktion zugedacht ist« (Der aaronitische Segen, 1977, 29). »Gesegnet seist du beim Kommen, gesegnet beim Gehen« (Dt 28,6).

Im Segen begleitet etwas vom lebendigen Gott und wandert mit. – Indem wir in ein Gespräch über Gott mit einem Vater eintreten, lassen wir uns sein väterliches Geleit gefallen, lassen wir ihn mit uns wandern. Im Segen der Väter geht das, was sie von Gott hatten, was sie von ihm her bewegt, mit den Nachkommen weiter. Segen mehrt auf diese Weise die Existenz. Segen bringt Lebendiges zum Leben.

Der Segen der Väter ist kein Segen »urbi et orbi«, keine freischwebende Wolke. Der aaronitische Segen ist ausdrücklich an die Söhne Aarons gebunden; Jakob hat nur einen Segen für den Erstgeborenen. Nochmals: ein Vater, der als ausgestopfter Vogel verstaubt und uns im Sterben auf Raten nur Schuld hinterläßt, vermag nicht zu segnen.

Wie Seybold bemerkt, hatte der Segen in Israel prädestinierenden, prästabilisierenden Charakter. »Er will Zukunft bestimmen« (64). Die Väter, die uns segnen, bestimmen unsere Zukunft mit; auch die Sünde der Väter bestimmt unsere Zukunft mit. Unsere Zukunft hängt so oder so an den Vätern. Ohne Väter haben wir keine Zukunft. – Segen als Mehrung von Lebensqualität bedeutet, zeitlich verstanden, eine Eröffnung und ein Geschenk guter Zukunft. Sie bedeutet, lokal verstanden, eine Art Ortsveränderung vor Ort. Was die Väter uns werden, was sie uns geben, erhebt, erhöht uns. Die Bewegung, vom Segen in Gang gesetzt, reißt nach oben, hebt unser Niveau.

In der Metapher eines mittelalterlichen Denkers wird deutlich, was der Spruch meint: »Der Stolz der Kinder sind ihre Väter.« Die Metapher bildet eine Art Gegenstück zur »Allegorie der Musik« von Johannes Grützke. »Wir sind, sagte *Bernhard von Chartres,* wie Zwerge, sitzend auf den Schultern von Riesen. Wir sehen folglich mehr Dinge als die Alten, und wir sehen weiter, aber dies geschieht weder durch die Schärfe unseres Blicks, noch durch die Höhe unseres Wuchses, sondern allein aus dem Grund, daß sie uns tragen und uns aufheben zu ihrer gigantischen Höhe« (zit. nach E. Gilson, L'esprit de la philosophie médiévale, 1932, 402). Das ist ein anderes Sitzen als das von Johannes Grützke auf Lehnstuhl und Schoß!

Die mangelnde Hochgemutheit in Kirche und Theologie, die Niveaulosigkeit unserer kirchlichen Praxis, hängt mit der

Vaterlosigkeit zusammen. Die Väter haben, im Müll der Vergangenheit zusammengedrückt, ihre Statur verloren. Damit wird ihre Wahrnehmung zwergisch. Man übersieht nichts mehr; der Horizont wird eng. Man mißt nur noch mit dem Maß der Zwerge und hält schon Vergeßlichkeit für Fortschritt.

Die Metapher des Scholastikers deckt nicht nur einen Grund des Verlustes an Niveau auf. Sie signalisiert die Gefahr, in der die Zwerge im Hochsitz sich befinden, nämlich zu Ton zu erstarren und auf ihrer gigantischen Höhe unbeweglich zu werden. Auf dem Giganten sitzengebliebene Zwerge machen demselben keine Ehre. Das Kommen und Gehen soll nach Dt 28,6 gesegnet sein. Von Sitzenbleiben und von Sitzung ist kaum in diesem Zusammenhang eine Rede. Im Segen der Väter sind wir mit ihnen unterwegs, dem Tag Jesu Christi entgegen. Vielleicht brauchen wir darum nicht so viel herumzureisen.

Indem wir uns einem geistlichen Vater zuwenden, wenden wir uns im Rückblick der Zukunft zu. Ich beschäftige mich zur Zeit intensiv mit Eduard Thurneysen. Mein Interesse an ihm ist nicht so sehr das, was er war, sondern das, was wir von ihm her haben, was aus ihm wird, die Bewegung, die er in uns in Gang setzt, die Musik, die er spielt – auch wenn er so musikalisch nicht ist –, der Ton, den er angestimmt hat, die noch ungesungenen Lieder, die er hinterläßt.

Was ein Vater im intensiven Umgang mit ihm an Statur verliert, das gewinnt er an Menschlichkeit. Vielleicht erhebt uns ein Vater da erst recht, wenn wir erkennen, daß wir auch da auf seinen Schultern sitzen, wo er schwach ist und schwankt; solche Erkenntnis bewahrt vor der Erstarrung in Ton und zeigt, daß wir weiter müssen.

Mit dem Wort »Segen« artikuliere ich ein Grundwort christlicher Existenz, ein Grundwort Praktischer Theologie: das, worauf es in der Praxis ankommt, was die Praxis aus dem Sinnlosen und Eitlen heraushebt. Etwas gegen die Vergeblichkeit; das göttliche Begleiten und Mittun. Alles kirchliche Handeln und alles menschliche Tun überhaupt hängt an dem: »Wenn der Herr nicht das Haus baut, so mühen sich umsonst, die daran bauen« (Ps 127,1). In diesem

Verständnis wird das Wort herausgehoben aus seinem hochsprachlichen Charakter, wie es ihn im aaronitischen Segen (Num 6,22–27) in klassischer Weise gefunden hat. Das Wort Segen als Grundwort Praktischer Theologie ist allerdings in der Wissenschaftspraxis noch ungebräuchlich.

Das »Handbuch der Pastoraltheologie« widmet dem Stichwort »Segen« eine viertel Seite (V, 505), während das Stichwort »Verdrängung« signifikanterweise mehr als doppelt soviel Raum beansprucht (V, 595f); vom Segen der Väter ist nicht die Rede.

Man hat ihn in der Praktischen Theologie der Gegenwart offensichtlich vergessen, und die Kirche in einer vaterlosen Gesellschaft weiß wenig von ihm. Wie groß aber eine geheime Sehnsucht nach einem heiligen Vater ist, zeigt auch die Faszination des Papstes, wenn er, wie Johannes XXIII. – und bei allem Vorbehalt auch Johannes Paul II. – eine Vaterfigur darstellt. – Wir evangelischen Christen tun gut, uns zu erinnern, daß wir heilige Väter haben, Väter von hoher Statur, die tragen. – Wir können die Probleme, die wir mit uns selbst, mit unserer Kirche und mit der Welt haben, nicht lösen ohne das Gespräch mit den Vätern und ohne ihren Segen. Wir müssen aber hierbei noch ein anderes beachten!

IV. Die Sünde der Väter

Heilige Väter sind allzumal fragwürdig, wert und würdig in Frage gestellt zu werden. Ein heiliger Vater ist nicht nur Segen, bedeutet nicht nur Mahnung und Geleit, sondern auch eine Last, die um so größer und drückender auf uns liegt, je näher er uns steht. Ein heiliger Vater kann nicht anders unser Vater sein denn als ein Sünder. Die Darstellungen von Samuel Beckett und Bruno Schulz sprechen den unheiligen Vätern ein gnadenloses Urteil: In der Mülltonne sitzt kein Heiliger und ausgestopft, ins Häßliche verwandelt, wird ein Vater, der den Vater im Himmel verloren hat. Weil wir gemeinhin nicht wissen, was Sünde ist, können wir mit Begriffen wie »Erbsünde« und »Sünde der Väter« wenig oder nichts anfangen. – Die Begriffe machen aber klar, daß Sünde über das Persönliche des Individuums hinausgeht, wie schon der Segen verdeutlicht, daß Gnade die Grenze des Individuellen überschreitet: meine Sünde ist größer als mein Fassungsvermögen und transzendiert mein Bewußtsein. Sie ist unfaßlich: »Meine Schuld wächst mir über den Kopf; sie wird mir zu schwer, sie erdrückt mich« (Ps 38,5 nach Gerstenberger).

Meine Schuld besteht nicht nur in dem, was ich schuldhaft verfehlt habe. Sie steht in einem Zusammenhang von Adam her, der konkret wird im Zusammenhang mit den leiblichen und geistlichen Vätern. – Was Paulus von Adam her sieht, sieht er auch in der Horizontalen, sieht, daß ein wenig Sauerteig den ganzen Teig durchsäuert (1 Kor 5,6).

In der Familie Gottes wird die Sünde – wie in Israel – als übergreifend zu erkennen sein. Sie gilt auch in der Generationenfolge. Die Gemeinde tut gut daran, sich alttestamentlichen Schuldbekenntnissen anzuschließen, in denen sich die Umkehrenden zusammentun: »Gegen Jahwe haben wir gesündigt, wir und unsere Väter« (Jer 3,25). Mit den Waisen und Witwen gilt es zu klagen: »Unsere Väter haben gesündigt, sie leben nicht mehr; jetzt müssen wir für ihre Schuld büßen« (Threni 5,7).

Diese Schuldhaftung zwischen Vätern und Söhnen ist aber keine absolute, sie ist kein Fatum, wie schon die Schuldbekenntnisse zeigen. Segen und Fluch werden nach Lev 26 dem Volke vorgelegt. Das Gericht wird dem ungehorsamen Volk angedroht, als Antisegen: »Ich werde mein Angesicht wider euch kehren« (Lev 26,17). Totale Vernichtung wird angedroht: »Die aber von euch übrig bleiben, sollen um ihrer Schuld willen vermodern in den Ländern eurer Feinde; auch um der Schuld der Väter willen, die sie zu tragen haben, sollen sie vermodern« (Lev 26,39).

Schuld wird hier als erbliche Belastung gesehen. Die Schuld der Väter erscheint parallel der eigenen Schuld. Aber sie ist nicht Schicksal, blindlings auferlegt; noch wird denen, die die Sünde der Väter tragen, eine Möglichkeit offen gelassen: »Wenn sie dann ihre und ihrer Väter Schuld bekennen . . . –

wenn sich alsdann ihr unbeschnittenes Herz demütigt und sie alsdann ihre Schuld abtragen: so will ich meines Bundes mit Jakob gedenken . . .« (Lev 26,40f).
Der Prophet Elias wird angesagt als Versöhner der Generationen: »Und er wird das Herz der Väter den Söhnen und das Herz der Söhne den Vätern wieder zuwenden . . .« (Mal 4,6).

»An der Bekehrung der Väter zu den Söhnen und der Söhne zu den Vätern erweist sich echte Bekehrung zu Jahwe . . .« (*Hans Walter Wolff,* Das Thema ›Umkehr‹ in der alttestamentlichen Prophetie, in: Gesammelte Studien zum Alten Testament, ThB 22, 1973², 146).

Bekehrung zu den Väter heißt: wir lassen die Väter uns recht sein. Wir holen sie aus der Mülltonne, wir geben uns nicht zufrieden mit einem ausgestopften Vogel. Wir suchen nach dem, was der Vater von Gott hat.
Im kritischen Bedenken der kirchlichen Verhältnisse wird die Praktische Theologie auf die Sünde der Väter stoßen, und sie wird ihre Spitze in einer Art Bußliturgie haben, in der die Sünden der Väter bekannt werden als die eigenen. Wenn ich nochmals auf Eduard Thurneysen verweisen darf: Ich kann nicht nur nach dem Segen fragen, der uns von ihm her zukommt. Ich muß auch nach den Hypotheken fragen, die wir – pars pro toto genommen – von ihm her haben: Aus dem »Rüttler und Schüttler« des Aufbruchs wurde der Prediger der Basler Gesellschaft, ein Kirchenmann; aus einem am Pfarramt Leidenden ein Apologet desselben. Wie konnte dies geschehen? – Wer anfängt die Schuldenlast zu errechnen, die er von einem geistlichen Vater hat, muß wissen, daß sie da zu bejahen ist, wo sie drückend wird.

Was *Jochen Klepper* von seinem leiblichen Vater berichtet, mag auch von geistlichen Vätern gelten: »Vater und ich sind uns ja eine der schwersten Prüfungen gewesen, die Gott uns auferlegt hat, und was Sünde, Gnade, Führung Gottes ist, haben wir in großen Erregungen und Leiden aneinander erfahren. Es ist das einzige Mal, daß ich im Leben die Bitte des Vaterunsers ganz begriffen habe, im jahrelangen Prozeß: ›Und vergib uns unsere Schuld, wie wir vergeben unseren Schuldigern‹« (Unter dem Schatten deiner Flügel, 1956, 201).

Wo der Vater dem Sohn zur Prüfung wird, da wird der Vater dem Sohn zum bitteren Segen. Wo mir der Vater zur

Prüfung wird, wo ich in der Begegnung mit dem Vater Sünde erkenne und – mit Jochen Klepper – die Bitte um Vergebung der Schuld begreife, werde ich in der Begegnung mit dem Vater mich selbst als Sünder entdecken und erkennen in der Sünde des anderen. Das ist bitter; aber ein Segen. Umkehr zum lebendigen Gott schließt die Umkehr zu sündigen Vätern in sich.
Vatermord ist eine voreilige, untaugliche Art und Weise, mit der Sünde der Väter fertig zu werden. Der Vatermord fixiert den Mörder an den Gemordeten; das Erbe wird zur Last, die man nicht los wird, auch wenn man den Vater literarisch unter den Boden gebracht. Der Vater wird negativ zum Gesetz: »So darfst du nicht sein und nicht werden.« Pneumatologisch gesprochen: der Vatermord betrübt den Geist, engt ihn ein. Darum führt der spirituelle Vatermord – wie schon angedeutet – zu geistlicher Verarmung. Der Vatermord raubt dem »inneren Universum« den Leitstern, verhindert in Wahrheit den Progreß, um dessentwillen man sich vom Vater zu befreien suchte. Befreiung vom Vater gibt es nur in der Weise des Ehrens: ein heiliger Vater ist auch als Sünder und ein sündiger auch als Heiliger zu ehren.

V. Pablo Neruda und die Inspiration

Der Segen der Väter soll im folgenden an einem Paradigma diskutiert werden: Jeder Christ braucht Inspiration. Zum Beten und Reden, zum Dichten und Trachten brauchen wir die Begabung durch den Geist. Der Christ ist darin dem Poeten ähnlich, daß er Inspiration braucht, Einhauchung von Christusgeist. Anders hat er kein Bewußtsein, keine Sprache und keine guten Werke. Inspiration ist das, was den Christen zum Christen macht, das geheimnisvolle Extra, das dem neuen Leben Gestalt gibt, das Gegenteil von Langeweile. Der Geist, den wir mit den Vätern bekommen, inspiriert. Inspiration ist auch eine Art Segen.
Im Glauben lebt der Mensch dichterisch. Seine Existenz wird durch heilige Literatur gestaltet. – Darum möchte ich

die zweite Hälfte meiner These, wonach wir mit den Vätern Geist bekommen, an dem Lehrstück erläutern, das uns Pablo Neruda gibt. An der Frage der Inspiration ist aufzuzeigen, was wir an den Vätern haben.
Pablo Neruda erlebt im Süden Chiles 1923, neunzehnjährig, eine Betörung des Himmels, einen Sternenrausch, der ihn treibt, ein Gedicht zu schreiben, als empfinde er ein Diktat. »Ich bewegte mich in Rhythmen, als schwämme ich in meinen wahren Gewässern.« Er ist begeistert von seinem Gedicht. – Als er später in Santiago sein Poem einem Kenner vorliest, fragt der ihn, ob seine Verse nicht von Sabat Ercasty, dem uruguayischen Dichter, beeinflußt seien. – Daraufhin schickt Neruda das Poem an Ercasty, der ihm bestätigt »ein herrliches Gedicht«; aber: »Es ist etwas von Sabat Ercasty in Ihren Versen.«
Für Neruda bedeutet dies eine Ernüchterung von hohem Grade, eine Desillusionierung, wichtig für sein künftiges Werk.

»Vor allem war ich besessen von dem unfruchtbaren Wahn jener Nacht. Umsonst war ich in Sternen versunken, umsonst hatten meine Sinne jenen Astralsturm empfangen. Ich hatte mich getäuscht. Ich mußte der Inspiration mißtrauen. Die Vernunft mußte mich Schritt für Schritt auf schmalen Pfaden leiten« (Ich bekenne, ich habe gelebt, SL 220, 1977, 52).

Ein Lehrstück zur Inspiration: Ein Neunzehnjähriger erlebt die Sterne und vermag diesem Erleben Sprache zu geben, bewegt sich »in Rhythmen«, als schwämme er in seinen »wahren Gewässern«. Er hat ein Urerlebnis, ein dichterisches, und entdeckt: dieses Erlebnis war aus zweiter Hand. Zum Glück tabuisiert er nun nicht die Inspiration. Aber er sieht ein: »Ich muß ihr mißtrauen.« Dann spricht er von schmalen Pfaden, zitiert also frei Jesu Wort vom schmalen Weg (Mt 7,13f): »Die Vernunft mußte mich Schritt für Schritt auf schmalen Pfaden leiten« (52). Die Vernunft wird ihm zur Begleiterin der Inspiration.
Das Lehrstück Neruda – Ercasty ist zu ergänzen durch das Lehrstück García Lorca – Neruda, das der Autobiograph uns zu seinem eigenen Ruhm und unserer Belehrung überliefert:

»Mich bestach García Lorcas metaphorische Kraft, mich fesselte alles, was er schrieb. Er hingegen bat mich manchmal, ihm meine letzten Gedichte vorzulesen und unterbrach mich dann laut: ›Hör auf, hör auf, du beeinflußt mich!‹« (127)

Die Struktur des zweiten Lehrstücks ist gleich der des ersten, insofern Lorca nun gegenüber Neruda eine Haltung einnimmt, die der Nerudas gegenüber Ercasty ähnelt. Ein Gestus der Abwehr, dem wir schon beim Studenten begegneten, der keinen Lehrer haben wollte.

Neruda wertet seine Sternstunde ab als Wahn: »Umsonst war ich in Sternen versunken, umsonst hatten meine Sinne jenen Astralsturm empfangen.« – Neruda erklärt sein Erleben als eitel, als vergeblich, weil er post festum erkennt, daß er durch Literatur in seinem Erleben vorprogrammiert war. Im Hintergrund dieser Sätze steht eine Art Mystik und ein Dogma, das besagt: die Inspiration muß aus dir selber kommen. Sie ist die Zündung des Seelenfunkens. Die Wahrheit wird an der Individualität gemessen. Er ist als Poet sein eigener Gott. Der mystische Spiritualismus, der aus Neruda spricht, prägt das allgemeine Bewußtsein und bildet eine Voraussetzung für die Vaterlosigkeit unserer Gesellschaft.

Weil wir alle unter dem Einfluß eines mystischen Spiritualismus stehen, vielfach ohne es zu wissen, machen wir in der Regel nur sehr schlechten Gebrauch von unserer Freiheit, und damit hindern wir den Geist. Theologisch verstanden erscheint Inspiration als ein Funke, der von außen her ins Innere zündet. Nicht die Individualität liefert den Kanon, an dem Echtheit zu messen ist. Die Inspiration ist an Gott selbst, von dem wir durch die Schrift wissen, zu messen. – Ich werde also zu einem Prediger nicht sagen: »Hör auf, hör auf, du beeinflußt mich, weil ich um Originalität besorgt bin.«

Nicht die Originalität, sondern die Wahrheit muß Gegenstand der Sorge sein. Ob diese Wahrheit nun vermittelte, aus erster oder zweiter Hand erfahrene Wahrheit ist, darf meine Sorge nicht sein. – Wir leben vermittelter als wir denken. Wir brauchen Vermittlungen. Möglicherweise hat Sabat Ercasty Nerudas Sternenerlebnis erst ermöglicht. Vielleicht

hätten ihn ohne Ercasty die Sterne überhaupt nicht beeindruckt, als er 1923 das Fenster öffnete.
Ich muß hier gegen Nerudas Selbstkritik sagen: Kein Dichter wird Dichter, eh er sich nicht an Dichtern begeistert hat. Keiner wird Christ, der sich nicht durch einen Christen beeinflussen läßt. Keiner findet ein Wort, den nicht ein Wort fand. Nur der Begeisterte lernt sprechen. Kein Theologe wird Theologe, eh er sich nicht an einer Theologie begeistert hat. Keiner wird Prediger, der nicht aus der Predigt kommt. – Keiner wird Meister, der nicht Schüler wurde zuvor. Wer sich nicht von einer Predigt, von einem Prediger begeistern läßt, wird mit seiner Predigt niemanden begeistern.
Für Neruda war Sabat Ercasty ein Vater. Er gab ihm Sprache und möglicherweise schon die Inspiration. Er ist, was er wurde, nicht ohne den Mann aus Uruguay. Inspirationen durch heiligen und unheiligen Geist blitzen kaum aus heiterem Himmel. Sie haben mit der Umwelt und dem Milieu zu tun. Die Atmosphäre, in der wir leben, ist nicht unbeteiligt an ihrem Zustandekommen oder an ihrem Versiegen.
Was der Christ und der Theologe vom Poeten lernen kann, ist die Einsicht in die Notwendigkeit von Inspirationen. Die Inspiration unterscheidet den Christen vom Spießbürger, den Propheten vom Pfaffen. Ohne Inspiration können wir nur christliche Daherredner oder Kanzelschwätzer werden, aber nicht Zeugen und Prediger. Inspiration heißt: Der Geist lehrt, gibt das Wort und hilft zu seiner Artikulation, und er inspiriert nicht zuletzt in unserem Hören auch die Väter. Die Inspiration kommt gewissermaßen vor der Vernunft. – Neutestamentlich gesprochen: Geistwirkung aller Art, Prophetie und Glossolalie beispielsweise, kommt vor der Prüfung der Geister. Inspiration kommt in gewisser Hinsicht vor der Theologie, in der Hinsicht nämlich, als Theologie die Inspiration voraussetzt. Theologie kommt hinterher. Gewiß kann sie ihrerseits nicht ohne Inspiration arbeiten; aber sie schließt nun paradoxerweise die Prüfung der Inspiration in sich; gerade weil die Inspiration vor der Vernunft kommt, muß sie sich vor dem Forum der Vernunft verantworten.

»Ich mußte der Inspiration mißtrauen«, sagte Neruda. – Und das ist die Aufgabe aller biblischen Theologie, daß sie uns hilft, der Inspiration, die wir haben, zu mißtrauen. Nur sollte die Schriftgelehrsamkeit nicht die Inspiration erstikken und blockieren.

Wir sehen Neruda sich gegen den Einfluß von Ercasty zur Wehr setzen. Später wird er freier: von García Lorca läßt er sich fesseln, dessen metaphorische Kraft besticht ihn. Offenbar war er Ercasty gegenüber ein Höriger; Lorca gegenüber wird er ein freier Herr, der den Einfluß nicht scheut.

Ein Höriger. Man kann auch sagen: Er war damals, als er das Fenster öffnete, gar nicht »in Sternen versunken«, seine Sinne empfingen gar nicht einen Astralsturm, einen auf der südlichen Halbkugel der Erde wehenden Sturm. Seine Sinne reproduzierten Ercasty, das war alles. Das könnte uns im Umgang mit einem theologischen Lehrer und geistlichen Vater auch geschehen, daß wir ihn reproduzieren, statt durch ihn den Geist zu empfangen. Wir würden dann zu Epigonen. – Unter solchen Epigonen wird Barth gelitten haben, als er schrieb: »Gott hat mich mit den Barthianern gestraft.« – Epigonen sind Erben, denen ihre Väter zum Gesetz geworden sind, Epigonen sind nicht Herren, sondern Gefangene ihrer Väter.

Ein freier Herr. Wir sind – um Luther zu variieren – freie Herren unserer Väter. Wenn wir uns nicht in galatische Knechtschaft begeben, sind wir als Söhne Gottes nie und nimmer Knechte der Väter.

Freie Herren unserer Väter werden wir im Ehren der Väter. Das heißt zuerst einmal, daß wir als Herren uns zu ihren Knechten machen, sie vernehmen und also vernünftig werden. Wir werden Herren über unsere Väter im Hören auf sie.

Der Ausblick auf Neruda macht deutlich: In dürftiger Zeit, in der Zeit nach Pfingsten, empfangen wir den Geist nicht als Sturm und als Feuer, nicht direkt und elementar, sondern vermischt durch die Anregung, die von Personen ausgeht. Er springt in der Weise auf uns über, daß wir mit den Vätern zusammensitzen und sie fragen, was sie uns von Gott zu sagen haben. Inspiration gibt es nicht ohne Gespräch. Im

Gespräch steigen die Zwerge den Riesen auf die Schultern. Im Gespräch wird die Zertrennung der Kirche in die Generationen aufgehoben.

Sehen und Hören*

Das hörende Ohr und das sehende Auge,
alle beide hat sie der Herr gemacht (Spr 20,12).

Du hast Ohren, hast Augen. Das sind deine Ohren, deine Augen. – Und es ist Gottes Ohr und Gottes Auge, ein Organ, das dein Schöpfer und Erlöser dir geschaffen hat und das nur funktioniert, weil er es dir erhält: »Das hörende Ohr und das sehende Auge, alle beide hat sie der Herr gemacht.«

Dieser Spruch aus Israels Weisheit ist ein Spruch zum Staunen und Frohmachen; denn er deckt uns den Wert unserer Sinne auf. Unser Ohr ist etwas anderes als ein Tonband und unser Auge etwas anderes als ein Fotoapparat. Sie sind von ihrem Urheber her anders. Tonband und Fotoapparat sind aus einem menschlichen Fabrikationsprozeß hervorgegangen. Ohr und Auge aber entstammen einem göttlichen Schöpfungsprozeß. Daß du jetzt hören kannst und hörst, meine Stimme zum Beispiel, daß du jetzt sehen kannst und siehst: die Glasfenster da vorn, den Rücken, die Schultern, den Hinterkopf eines Menschen vor dir, das hat seinen Grund außer dir und vor dir. Dein Hören und Sehen hat eine verborgene Qualität. Ein Geheimnis, in dem das Hören und Sehen zum Wunder wird.

Ich möchte versuchen, dieses Geheimnis an einem Erlebnis zu verdeutlichen: Als ich in Japan an einer Teezeremonie teilnahm und nach etwa zwei Stunden die erste und zweite Schale Tee in der Hand hielt, da gefiel mir diese Schale, und vielleicht lobte ich ihre Schönheit; das Loben der Gegenstände gehört zur Zeremonie. Dann wurde meinem Freund erklärt, ein Verwandter sei in der Antarktis gewesen, habe

* Predigt am 29. 4. 1979 in der Peterskirche zu Heidelberg.

von dort Erde mitgebracht, und von dieser Erde habe er die Schale gemacht. – Meine Schale hatte der Begründer der kaiserlichen Marine zur Meiji-Zeit gemacht. – Ein solches Gefäß kann auch ein wasserscheuer Republikaner nicht in der Hand halten wie einen Pappkarton.

Indem jeweils die Geschichte einer Schale erzählt wurde, wurde ihr wahrer Wert erst bekannt und bestaunt. Auf einmal hatte ich nicht nur eine Schale, ich hatte eine Geschichte in der Hand und hatte Kontakt mit der Geschichte einer Familie und mit der Geschichte Japans. – So erzählt uns unser Text die Geschichte von Ohr und Auge: Du Mensch gleichst im Ensemble deiner Sinne einer Keramik. Dein Hören und Sehen hat seinen unendlichen Wert darin, daß es vom ewigen Gotte stammt. Du hörst mit Ohren, die der Begründer aller Kontinente und Meere gemacht. Du siehst mit Augen, die der Herr der Milchstraßen dir geschenkt. Du Mensch bist eine Geschichte aus der Hand des Lebendigen, eine Geschichte in der Hand des lebendigen Gottes. Dein Hören und Sehen ist unendlich wertvoll. Im Hören und Sehen wirst du selbst zu einer Wundergeschichte Gottes. Die Geschichte der Poesie und der Tonkunst, die Geschichte der Malerei und Plastik sind nur ein Echo auf die unendlichen Möglichkeiten, die uns mit Auge und Ohr gegeben sind. Dein Hören und Sehen im kommenden Semester kommt von deinem Schöpfer her, das ist kein Pappbecher und kein Pappteller; obwohl vergänglich, stammt es vom ewigen Gott, darum ist es schön, dankenswert: »Das hörende Ohr und das sehende Auge, alle beide hat sie der Herr gemacht.«

Dieser Spruch aus Israels Weisheit deckt uns unsere Unweisheit auf. Wir haben unsere Sinne gebraucht, als wären sie eine Wegwerfware, gedankenlos, und das hatte Folgen: Picasso z. B. hat menschliche Gesichter gemalt mit verschobenen Ohren, ohrenlose Gesichter auch, Gesichter mit verrutschten Augen, unsere Gesichter. Picasso hat gemalt, was wir heute unter dem Stichwort »Grundlagenkrise der Wissenschaft« diskutieren. Man braucht nur ein Buch wie das des Physikers Klaus Müller »Wende der Wahrnehmung« zu lesen, um zu erkennen, daß der Maler den Menschen so darstellt, wie er durch die Verwissenschaftlichung der Welt geworden ist, ein Mensch ohrenlos oder mit verschobenem Gehör, ein Mensch, einäugig oder mit einer verrutschten Perspektive. Will ihn der Maler darstellen, wie er ist, muß er ihn unwirklich darstellen, denn er ist ein Mensch, der am Verlust von Wirklichkeit leidet. Ich zitiere zu Picasso und zum Stichwort von der Grundlagenkrise Worte aus dem 115. Psalm. Da wird von den Götzen gesagt: »Sie haben einen Mund und können nicht reden, haben Augen und können nicht sehen, sie haben Ohren und hören nicht.« Aus der Schilderung der Götzen folgert der Psalmist: »Ihnen werden gleich sein, die sie machen«. – Menschen wie Götterbilder, majestätisch und hölzern, steinern, die kennen wir doch aus unseren Instituten. Das können wir selber sein. – Menschen, die mit hörenden Ohren nicht hören und mit sehenden Augen nicht sehen. Menschen, die ihren Schöpfer verloren haben, haben den verloren, der ihren Wert ausmacht. Darum müssen sie hochmütig, auf eine angemaßte Majestät pochend oder an sich selbst verzweifelnd, götzenhaft durch das Semester wandeln und wackeln. Sie vermögen zu beobachten und einzuordnen, nur leben können sie nicht; sie leben an der Wirklichkeit vorbei und sind sich selbst fremd, unwirklich.

Die Wirklichkeit dieser Welt und das eigene Selbst können wir in ihrer Wahrheit und in ihrem Wert nur entdecken und erkennen, indem wir sie im Zusammenhang mit dem lebendigen Gott wahrnehmen. Wo dies nicht geschieht, bleibt unser Sehen und Hören geistlos, verstockt. Ich zitiere zum Psalm noch den Evangelisten Matthäus, der dem Propheten das Wort gibt: »Ihre Ohren sind schwerhörig geworden und ihre Augen haben sie geschlossen, damit sie nicht etwa mit den Augen sehen und mit den Ohren hören und mit den Herzen verstehen und sich bekehren und ich sie heile.« In diesem Stadium hört der Mensch Gottes Wort und sagt »Bahnhof«. Er sieht Gottes Werke und merkt nichts. Da ist der Gipfel der Unweisheit erreicht. Jesus aber bleibt nicht bei diesem Gipfel stehn. Er wendet sich zu seinen Jüngern, die ihn hören und sehen: »Selig aber sind eure

Augen, weil sie sehen, und eure Ohren, weil sie hören.« Der Spruch aus Israels Weisheit weist über sich und seine Zeit hinaus auf den Zweck und das Ziel unserer Sinne. – Der Antarktisforscher und der Begründer der kaiserlichen Marine haben getöpfert, damit etwas Schönes auf Erden sei und man aus ihren Schalen trinke. Der das Ohr und das Auge wundersam töpferte, hat dir deine Sinne geschenkt, damit du ihn aufnimmst. Deine Ohren sollen jetzt etwas hören, deine Augen sollen jetzt etwas sehen vom lebendigen Gott. Wir haben unsere Ohren und unsere Augen um Gottes willen. Das sind selige Ohren und Augen, die heute den lebendigen Christus hören und sehen. Das aber sind götzenhafte, verstockte Ohren und Augen, die nichts von ihm merken. »Das hörende Ohr und das sehende Auge, alle beide hat sie der Herr gemacht.« Das heißt jetzt: Gott hat dir ein Tor und er hat dir ein Fenster gemacht, damit du sinnlichen Kontakt mit Gott hast.

Aber wie soll das zugehen? Wenn wir den Spruch aus Israels Weisheit recht bedenken und klar unsere Sinne brauchen: eine Wiedergeburt. Wir können uns die verschobenen Ohren und die verrutschten Augen nicht selbst zurechtschieben und zurechtrutschen. Wir brauchen, wie der Physiker sagt, »eine Wende der Wahrnehmung«, und diese Wende muß eine Wiedergeburt sein. Wiedergeburt wird heißen, daß uns Hören und Sehen vergeht und wir neu hören und neu sehen lernen. Was wir brauchen, ist eine Wiedergeburt der Sinne. – Ich kann auch sagen: unser Ohr braucht Ostern, unser Auge braucht Ostern. Unser Hören braucht etwas von dem, der aus dem Grabe kam, und unser Sehen braucht etwas von dem, den die Frauen zuerst sahen. Die Auferstehung soll nicht nur den Toten zugute kommen. Sie soll unsern Sinnen zugute kommen. Christus lebt für das Ohr, Christus lebt für das Auge. »Der Leib ist für den Herrn und der Herr für den Leib«, sagt Paulus. Wir können auch sagen: »Die Sinne sind für den Herrn und der Herr für die Sinne.« Was von ihm für dich lebt, was von ihm her mit dir hört und sieht, das nennen wir Geist. Der heilige Geist bewirkt eine neue Sinnlichkeit.

Von der Wiedergeburt der Sinne kann ich nur in Andeutungen reden; das ist eine verborgene geheimnisvolle Sache, die erst in der Auferstehung der Toten ans Licht kommt. Wiedergeburt von Ohr und Auge, das heißt: es kommt etwas von Gott in dein Hören und Sehen hinein, und dieses »etwas von Gott«, das wohltätig ins Auge geht, ist der Geist. Er gibt dem Hören und Sehen eine neue Qualität, du sagst nicht mehr »Bahnhof«; du wirst auf Erden schon heimisch in Gottes neuer Welt.

In der traditionellen Sprache der Kirche gibt es für dieses Eindringen des Gottesgeistes in die Sinne ein schönes Bild, das von »Salbe« und »Salbung«: die Gegenwart des Auferstandenen dringt in die Sinne ein wie eine Salbe in die Haut eindringt. So haben wir im Eingangslied gesungen: »Mein Haupt tust du mir salben mit deinem Geist, der Freuden Öl.« Das heißt: der Ohr und Auge gemacht, schafft weiter an ihnen und durch sie, damit du mit deinen Sinnen Gott wahrnehmen kannst, damit du etwas zum Staunen und Danken hast.

Um was es hier geht, möchte ich andeuten noch einmal mit einer Szene aus der Teezeremonie, besser mit zwei Szenen: Zu Beginn der Zeremonie, nachdem man im Garten ein Glas mit warmem Wasser und einigen gerösteten Reiskörnern getrunken hatte, wurde ich zu einem Brünnlein geführt; da mußte ich knien und mit einem kleinen Schöpfgefäß das klare Wasser über die linke, dann über die rechte und zuletzt über beide Hände gießen. Das war sehr schön, ein Symbol, daß wir mit reinen Händen essen und trinken. Nach dem ersten Teil der Zeremonie, nach einem langen Essen noch ohne Tee, saß man wieder im Garten. Dann wurde ich ein zweites Mal zum Brünnlein geführt, nochmals die gleiche Waschung. Warum auch nicht? Ich fand das nochmals schön. Dann aber wurde ich gefragt, ob ich nichts höre. – »Nein, ich höre nichts.« – Ich solle doch einmal hinhören. – »Nein, ich höre nichts.« – Da sagte man mir: »Unter dem Abfluß des Brünnleins ist ein Porzellankrug in die Erde vergraben, mit dem das versickernde Wasser Musik macht.« – Ich beugte mich tiefer, und nun hörte ich aus dem Kies heraus einen Ton und Klang, der Ohr und Herz entzückte.

Diese zwei Szenen am Brunnen sind mir ein Gleichnis für die Wiedergeburt. Einige Sätze geben Auskunft über etwas Verborgenes. Sie sind mir ein Gleichnis für das Evangelium. Es gibt Worte, in denen der Geist kommt, der den Sinnen eine neue Qualität, eine neue Fähigkeit gibt, so daß wir in alten Tönen schon neue Melodien hören und in der alten Welt schon die neue Welt Gottes entdecken. – Halte dein Ohr an die Erde, und du hörst einen Ton und Klang, den du vorher nicht hören konntest. Seit Ostern klingt Musik in der Erde, in jeder Jahreszeit in neuer Melodie, in jeder Melodie der gleiche Grundton: »Wär er nicht erstanden, so wär die Welt vergangen.« Aber nun ist er auferstanden, damit unser Ohr und Auge, damit unser Leib neu werde. Nun ist er auferstanden, damit Himmel und Erde neu werde, und drum singt jede Osterglocke, jede Tulpe, jede Kirsch- und Pfirsichblüte heute schon das Lied der neuen Erde: »Du Sonn, du Erd, all Kreatur, alls was betrübet war zuvor, das freut sich heut an diesem Tag, da der Welt Fürst darniederlag. Halleluja.« – Das heißt Wiedergeburt der Sinne: im Vergänglichen der Schöpfung ihre Zukunft entdecken, in der vergehenden Welt die Musik der Ewigkeit hören: »Das hörende Ohr und das sehende Auge, alle beide hat sie der Herr gemacht.« O, mein Zuhörer, sag nicht länger: »Ich höre nichts.« Hör genau hin auf den Grundton, der aus Erdentiefen klingt und der durch alle Jahreszeiten hindurch eine österliche Melodie singt, dann wirst du Neues entdekken, wofür du zu danken hast. Dann wirst du nicht ohne Entzücken sein.
Christoph Blumhardt hat zwei Jahre vor seinem Tod eine Bilanz seiner Lebenserfahrung gezogen; in einer Predigt über die Seligpreisungen hat er gesagt: »Man kann auf Erden Gott schauen. Ich gucke alle Tage in die Welt hinein, nicht um Greueltaten zu hören, sondern: wo ist etwas vom lieben Gott? Und siehe da, überall, wo man hinschaut, in den Himmel und auf die Erde, ins Gras und in die Fruchtbäume, überall, wenn's oft auch traurig und schrecklich ist, überall ist Licht. Überall kannst du Gott schauen.« – Die Gottesneugierde hat den Christoph Blumhardt das Sehen gelehrt. Vielleicht denkst du beim Zeitunglesen, beim

Einschalten der Tagesschau: »Wo ist etwas vom lieben Gott?« Wer mit dieser Frage alle Tage in die Welt guckt, der wird gleichsam zwischen den Zeilen, gleichsam zwischen dem Iran und Harrisburg etwas vom lieben Gott sehen.
Ich denke jetzt an ein Gespräch von Theologen, an dem auch ein jüdischer Theologe aus Holland teilnahm. In diesem Gespräch verwies ein Deutscher auf die Auschwitzgreuel, die bis heute weitergingen. Er sprach von Gottes Abwesenheit und Gottes Tod. Da brach es aus dem holländischen Theologen heraus wie ein Vulkan: »Ich war in Auschwitz, und da war Gott nicht tot, sondern lebendig für die, die mit Psalmen in den Gasofen gingen. Er war da nicht tot, sondern lebendig für die, die im Glauben überlebten.« – Als Christenmensch verstehe ich solche Sätze von Ostern her als eine Antwort auf die Frage: »Wo ist etwas vom lieben Gott?«
Vielleicht sitzt einer oder eine hier, der selbst in einer Hölle sitzt, gequält von irgendeiner Grausamkeit; sag nicht: ich sehe nichts! Hör auf einen wie Blumhardt, der aus langer Lebenserfahrung heraus sagt: »Überall ist Licht.« Und ein jüdischer Bruder, der durch die Hölle ging, bestätigt es. Gott hat dir Augenlicht gegeben, daß du sein Licht, daß du ihn selber siehst.
Blumhardt sagt: »Es gibt Menschen, die haben merkwürdige Augen, die schauen schon in der Natur in allem, was sie sehen, Gottes Herrlichkeit. Auch in ihrem Schicksal. Und ich möchte dich darauf aufmerksam machen, auch wenn dein Schicksal äußerlich oft traurig aussieht, guck doch einmal pünktlicher danach, du kannst überall etwas von der Herrlichkeit Gottes sehen, irgend etwas von der Ewigkeit.«
Merkwürdige Augen, merkwürdige Ohren! In ihnen ist schon etwas vom lieben Gott drin. Auferstehungsgeist macht sie hell; denn dazu ist der Mann aus Nazareth durch Tod und Hölle ins Leben gegangen, damit unser Porträt nicht länger einem Bild von Picasso gleiche, damit unsere Wissenschaft nicht länger sich an die Unwirklichkeit verliere, damit wir nicht länger verholzen und versteinern und verstocken, damit wir nicht zu wandelnden und wackelnden

Götterbildern werden. O, laß es geschehen, daß der große Töpfer jetzt die Ohren und Augen salbt, damit du das Lied der neuen Schöpfung hörst, das heute schon durch die alte Erde geht, damit du dich neu entdeckst und findest, damit du entdeckst, was Gott heute tut: »Guck doch einmal pünktlicher danach.« Der alte Spruch aus Israels Weisheit ist für die geschaffenen und neugeschaffenen Sinne wahr: »Das hörende Ohr und das sehende Auge, alle beide hat sie der Herr gemacht.«

Fürbitte

Wir bitten dich für alle Menschen,
Die nichts zu danken haben,
Denen die Erde zur Qual wird,
Die noch nicht hören
Das Lied einer neuen Erde,
Die noch nicht schauen
Dein Heil.

Wir bitten dich für uns
Neu Gemachte:
Laß uns nicht zurückfallen
Ins alte Wesen,
Laß uns heute
In der Vorfreude auf dein Reich
Dir danken.
Laß uns Erfahrungen machen
Mit den Ohren und mit den Augen,
Die du erneuert hast und erneuerst.

Öffne unsere Sinne
Für deine Wirklichkeit
Und für dein Wirken.

Wir bitten dich für deine Gemeinde in aller Welt,
Verschweige dich ihr nicht, laß sichtbar werden,
Was du tust.

Segne alle Arbeit an der Universität,
Laß Kunst und Wissenschaft
Zu deiner Ehre blühen.
Segne jede und jeden in dem, was sie, was er nötig hat,
Damit die Arbeit in diesem Semester Freude macht
Und am Schluß Dank sei.
Wir bitten dich für unsere Stadt, für unser Land,
Für unseren Staat,
Daß das Recht gelte
Und Friede sei.

Seelsorge als Wahrnehmung

I. Sinnliche Wahrnehmung

Theologie und Seelsorge können der sinnlichen Wahrnehmung nicht entraten. In der Seelsorge – wie in der Psychologie – geht es zunächst um die Wahrnehmung des Menschen, des anderen, des Gegenüber. Ich kann nicht Seelsorger sein, wenn ich den nicht wahrnehme, der der Seelsorge bedarf. Ich verstehe die Seelsorge als Problem der Ästhetik, weil es beim Wahrnehmen des Menschen zunächst einmal um einen durchaus sinnlichen Akt geht.

Sinnliche Wahrnehmung ereignet sich in einem bestürzenden Ensemble der Sinnesorgane: Ich gebe dem anderen die Hand, mein Tastsinn spürt, ob er eine trockene oder feuchte Haut hat; vielleicht rieche ich Ausdünstungen oder Parfüms; vor allem sehe ich ihn und höre ihn: In der Regel kommt das Sehen vor dem Hören. Ich habe einen ersten Eindruck, und der ist sehr wichtig; er weckt Sympathie oder Antipathie. Möglicherweise sagt der erste Eindruck mehr als das nachfolgende Gespräch! Ich habe aber einen Menschen noch nicht ohne weiteres wahrgenommen, wenn ich einen ersten Eindruck von ihm habe. Der erste Eindruck wird durch weitere Eindrücke bestätigt oder korrigiert. Seelsorge geschieht in einem fortlaufenden Wahrnehmen des anderen. – Es ist nicht so, daß die sinnliche Wahrnehmung des anderen einseitig meine Angelegenheit wäre: Der andere nimmt auch mich wahr, hat auch von mir einen ersten Eindruck, der ihm Herz und Mund öffnen hilft oder verschließt. Meiner Wahrnehmung entspricht die Wahrnehmung des anderen.

Seelsorge vollzieht sich in Akten gegenseitiger Wahrnehmung, und es ist ohne weiteres einsichtig, daß die Akte der Wahrnehmung nicht bloß auf Sinneseindrücken, also auf

Impressionen, beruhen können, denn es soll ja die Wahrheit des Menschen wahrgenommen werden, und die ist nicht schlechthin identisch mit dem, was wir mit unseren Sinnesorganen wahrnehmen. Die Frage ist nun, in welcher Weise wir die Wahrheit des Menschen wahrnehmen können. – Daß ohne sinnliche Wahrnehmung keine Seelsorge möglich ist, heißt: Der Mensch begegnet dem Menschen nicht als reiner Geist, sondern in seiner Leiblichkeit als Geschöpf, das zum anderen hin geschaffen ist. Darum ist eine erste theologische Überlegung mit dem Hinweis der sinnlichen Wahrnehmung zu machen.
Ein erster Schritt der Einübung in die Seelsorge besteht darin, daß man seine Sinne übt im Wahrnehmen. – Mit dem Tätigkeitswort »üben« ist schon auf das Ungenügen und die Fehlbarkeit unserer Sinne verwiesen. Sie vermitteln nur unvollkommene Kenntnis, sie können sich täuschen. Ein Sinneseindruck, den ich habe, kann falsch sein. Vollzieht sich Seelsorge in Akten gegenseitiger Wahrnehmung, so wird gegenseitige Wahrnehmung immer bedroht durch Täuschung und Lüge. Wenn aber unsere Sinne nicht unfehlbar sind, wie soll dann der Mensch den Menschen erkennen?
Das Wahrnehmen des Menschen ist schwierig, nicht nur von mir aus, weil ich kurzsichtig bin oder schwerhörig, oder weil ich einen Schnupfen habe und nicht riechen kann. Das Wahrnehmen des Menschen durch den Menschen ist schwierig, weil sich der Mensch vor dem Menschen versteckt, in ähnlicher Weise wie er sich vor Gott versteckt. – Ich erinnere an die Geschichte vom Sündenfall, erinnere damit an etwas, was der sinnlichen Wahrnehmung noch verschlossen ist. Die Wahrnehmung des Menschen ist problematisch, nicht nur weil die Sinne im Wahrnehmen »geübt« werden müssen und fehlbar bleiben, sondern auch aus dem Grunde, weil der Mensch ein Wesen ist, das sich der Sinneswahrnehmung entzieht. Wir hören nicht die Musik, die in ihm klingt und sehen nicht, was in ihm zum Vorschein kommt.
Es lohnt sich, im Zusammenhang unserer Fragestellung einen Blick auf die Reformatoren zu werfen.

II. Zum Menschenbild der Reformatoren

In »De vera et falsa religione commentarius« von 1525 hat *Huldrych Zwingli* diesen Sachverhalt drastisch ausgedrückt: »Erkennen, was der Mensch ist, ist ebenso schwer als einen Tintenfisch fangen. Denn wie dieser sich in seinen schwarzen Saft versteckt, sodaß man ihn nicht packen kann, so erzeugt der Mensch, sobald er merkt, daß man ihn fassen will, rasch so dicke Nebel der Heuchelei, daß kein Lynkeus und kein Argus ihn erwischen können. Darüber hat nicht nur Momus, der Bissige, geklagt, sondern das erkennt auch der göttliche Verkünder des Evangeliums Paulus in 1 Kor 2 (Vers 11): ›Denn wer von den Menschen weiß, was im Menschen ist, als nur der Geist des Menschen, der in ihm ist?‹« (Hauptschriften 9, 1941, 42f). Schon der Psalm weiß: »omnis homo mendax« – »Eitel Trug sind die Menschen alle« (115 bzw. 116, 11). – Zwingli war der Meinung, »daß der Mensch nicht vom Menschen erkannt werden kann. So frech leugnet er, so rasch verstellt er sich und heuchelt, daß er, wenn du meinst, ihn an einer Seite gefaßt zu haben, längst an einer andern entwichen ist« (43). Da der Mensch den Menschen nicht erkennen kann, und »nur wenige, ja gar keine« zur Selbsterkenntnis kommen, folgert Zwingli: »Von Gott also, dem Menschenschöpfer, müssen wir die Erkenntnis des Menschen erbitten, so gut wie die Gotteserkenntnis. Nur geschieht das aus verschiedenen Ursachen. Denn die Gotteserkenntnis ist unserem Verstand versagt, weil er zu schwach ist und weil der Glanz und die Klarheit Gottes zu übermächtig sind. Den Menschen zu erkennen aber ist uns versagt, weil er, wie oben gezeigt, im Leugnen und Heucheln frech und rasch ist« (44).

Martin Luther war der Meinung, die Philosophen und Aristoteles hätten weder einsehen noch definieren können, was der Mensch theologisch sei, aber wir können dies, weil wir nach Gottes Gnade die Bibel haben (Disputation de homine von 1536, WA 39 I, 179). Nur wenn er sich in dem Brunnen selbst, der Gott ist, erschaut hat, kann er sich wahrhaft erkennen (WA 39 I, 175).

Wenn Zwingli vom Objekt des zu erkennenden Menschen

her die Möglichkeit des Erkennens leugnet, so leugnet Luther vom Subjekt des Erkennenden her die Möglichkeit der Erkenntnis des Menschen.

Johannes Calvin aber macht Menschenkenntnis von der Gotteskenntnis abhängig: ». . . der Mensch (kann) auf keinen Fall dazu kommen, sich selbst wahrhaft zu erkennen, wenn er nicht zuvor Gottes Angesicht geschaut hat und dann von dieser Schau aus dazu übergeht, sich selbst anzusehen« (Inst. 1.1,2, übers. von Otto Weber, 1936, 2). Calvin sieht eine enge Verklammerung von Gotteserkenntnis und Selbsterkenntnis: »Gott (kann) von uns gar nicht rein und gewiß erkannt werden, wenn nicht wiederum die Selbsterkenntnis hinzukommt« (Inst. 1.15,1, aaO, 171; vgl. T. F. Torrance, Calvins Lehre vom Menschen, 1951).

Also keine Selbsterkenntnis ohne Gotteserkenntnis, keine Gotteserkenntnis ohne Selbsterkenntnis und das heißt doch, in der Gotteserkenntnis ist immer schon das erkennende Selbst im Spiel; darum ist aller Theologie Psychologie beigemischt. Ich kann Gott nicht erkennen, ohne daß ich selbst dabei bin. Ich kann mich selbst und den Nächsten nicht erkennen, indem ich von Gott absehe. Erkenne ich mich und den anderen nicht abstrakt, sondern im Zusammenhang mit dem lebendigen Gott, wird die Psychologie theologisch bestimmt werden müssen. In der Verklammerung von Gotteserkenntnis und Selbsterkenntnis wird das Verhältnis von Psychologie und Seelsorge radikalisiert. Eine Scheidung ist nicht mehr möglich ebensowenig wie ein friedliches Nebeneinander. Die Probleme, die hier auftauchen, sind weithin noch nicht bedacht. Hier soll nur auf einen Aspekt hingewiesen werden, der nachdenkenswert erscheint: Eine richtige Theologie impliziert richtige Psychologie, psychologische Fehler deuten auf theologische Mängel.

Johann Christoph Blumhardt macht im Falle der Gottliebin Dittus psychotherapeutisch genau das Richtige (vgl. Gaetano Benedetti, Johann Christoph Blumhardt. Seine Seelsorge im Lichte heutiger psychotherapeutischer Kenntnisse, Reformatio 9, 1960, 10ff).

Ich gehe nicht ein auf die Unterschiede der reformatorischen Anthropologie, möchte vielmehr das Unisono herausstellen, mit dem die Reformatoren behaupten, der Mensch sei ohne Gott nicht erkennbar. Ernst genommen beinhalten sie eine unerhörte Provokation und eine Aufforderung zu theologischer Wissenschaftskritik der Psychologie, die m. E. bis jetzt noch nicht geleistet ist.

Zweifellos denkt *Dietrich Bonhoeffer* auf der reformatorischen Linie, wenn er der Psychologie nur einen geringen Stellenwert einräumt. »Der Seelsorger kann vom Psychologen nur sehr wenig lernen, im Grunde nur zu beobachten, zu beurteilen, zu analysieren. Dies ist gerade für seinen Dienst nicht ausschlaggebend. Denn der besteht darin, Menschen zur Liebe zu Gott und zum Heil zu bringen.« Der Psychotherapeut ist dem anderen »zu fern«, »zu nah«. Sein Verhältnis zum anderen ist »zu erotisch« (GS V, 372f). Man sollte die Kritik Bonhoeffers nicht zu leichtfertig beiseite schieben. Nur muß man sehen: Sie vollzieht sich im Modus der Abgrenzung, die so nicht mehr möglich ist, wenn man damit ernst macht, daß aller Theologie immer schon ein psychologisches Moment beigemischt ist.

Wie aber sollen wir das Verhältnis von Seelsorge und Psychologie bestimmen, wenn wir einerseits Bonhoeffers Ausbootung der Psychologie nicht mitmachen können und andererseits den Reformatoren recht geben wollen? – Wir könnten freilich versuchen, den Menschen als »Tintenfisch« von *Sigmund Freud* her zu illustrieren. Ich denke etwa an den Begriff der Verdrängung oder an eine briefliche Äußerung Freuds zur Biographie, die zeigt, wie sehr dieser Seelenkenner um die Verlogenheit des Menschen wußte:

»Wer Biograph wird, verpflichtet sich zur Lüge, zur Verheimlichung, Heuchelei, Schönfärberei und selbst zur Verhehlung seines Unverständnisses, denn die biographische Wahrheit ist nicht zu haben, und wenn man sie hätte, wäre sie nicht zu brauchen« (An Arnold Zweig am 31. 5. 1936, in: Briefe 1873–1939, 1968[2]. Vgl. Jürgen Seim, Zur Methode der Biographie, EvTh 39, 1979, 431ff).

Freud wußte zweifellos etwas von dem »omnis homo mendax«. Also könnte man von Freud her die Sicht der Reformatoren einsichtig zu machen versuchen. – Aber solche apologetischen Künste scheitern da, wo die Reformatoren im Offenbarwerden Gottes die Quelle der Menschenerkenntnis behaupten. Das Ärgerliche an Luther ist ja, daß er Menschenkenntnis nicht nur von der Gotteserkenntnis abhängig macht, sondern sie in polemischer Zuspitzung in »de homine« als philosophische Erkenntnis des Men-

schen geradezu leugnet! – Wir müssen den Mut aufbringen – wissenschaftsgläubig wie wir sind und also unter dem Primat der Psychologie stehend – uns von den Reformatoren in Frage stellen zu lassen. Es könnte immerhin sein, daß die Psychologie eine sehr vorläufige und unzureichende Kenntnis des Menschen vermittelt, wie auch der wissende Psychologe zugibt, daß er von der Psyche – gemessen an dem, was zu wissen wäre – nichts weiß.
Ich bin ausgegangen von der sinnlichen Wahrnehmung und habe alsbald das Unzureichende dieser Wahrnehmungsart notiert, kam dann im Erinnern an die Geschichte vom Sündenfall zu den Reformatoren und stehe nun vor der Frage: Wie ist der Mensch wahrzunehmen, wenn er ein homo absconditus ist? Wie verbinde ich das, was ich mit den Sinnen wahrnehme, mit der Einsicht in den Menschen, die mir mit dem Gnadengeschenk der Bibel zuteil wird? – Ich schlage mit dieser Frage einen Haken und frage nach der Wahrnehmung des Menschen in der Psychoanalyse, wobei ich mich im Hakenschlag lediglich mit einem Hinweis begnügen muß. Ich bin also nicht so weit, die Psychologie in Frage zu stellen. Meine Frage ist, wie komme ich zur Wahrnehmung des Menschen? Wie transzendiere ich die Fülle sinnlicher Impressionen auf die Wahrheit hin? Ich brauche damit die »Psychoanalyse« als Gleichnis. Ich tue dies in der Freiherrlichkeit eines Christenmenschen auf die Gefahr hin, daß einige in die Seelenkunde Eingeweihte mir's übelnehmen.

III. Hinweis auf die psychoanalytische Wahrnehmung

Ich nehme die Methode der klassischen Psychoanalyse als Lehrstück: sie braucht ein Zimmer, eine Couch und einen Sessel. »Der Patient liegt auf der Couch und der Analytiker hat in einem Sessel dahinter Platz genommen« (Alfred Lorenzer, Die Wahrheit der psychoanalytischen Erkenntnis. Ein historisch-materialistischer Entwurf, 1974, 105).

Diese szenische Anordnung zeigt, daß offenbar eine ungeheure Reduktion der sinnlichen Wahrnehmung stattfindet. Der Analytiker beobachtet nicht das Mienenspiel, die Gestik, er konzentriert sich auf die sprachlichen Äußerungen. »Was der Psychoanalytiker einwandfrei wahrnehmen kann, ist ungeschmälert nur dasjenige, was der Patient sagt« (Lorenzer, 106). Offensichtlich zeigt sich der Meister in der Beschränkung. Was der Patient sagt, ist für den Analytiker nicht nachprüfbar. Wahrgenommen wird nur Gesagtes und das wird für bare Münze genommen in der Weise, daß es nicht auf seine Faktenwahrheit nachgeprüft wird. Offensichtlich hat der Analytiker auch »kein leitendes Erkenntnisinteresse an der Faktenregistrierung« (107). – »Wie Freud schon heraushob, befindet sich der Analytiker in der Rolle der schlafenden Mutter, lauscht in ›freischwebender Aufmerksamkeit‹ den Mitteilungen des Patienten, womit sich eine eigentümliche Begrenztheit des logischen Verstehens andeutet« (108). – Im Bild von der schlafenden Mutter zeigt sich noch einmal die Reduktion der Wahrnehmung. Die Mutter nimmt im Schlaf nicht wahr, was um sie herum geschieht; aber das leise Weinen des Kindes weckt sie auf. Die Reduktion von Wahrnehmung steigert ihre Intensität. Das Hören der schlafenden Mutter ist auf einen Ton nur ausgerichtet.

Nehmen wir die Psychoanalyse als Beispiel, so zeigt sich, daß offenbar die Beschränkung, der Verzicht auf so vieles, was wahrnehmbar wäre, in hohem Maße effektiv war. Die Einseitigkeit der Wahrnehmung führt dazu, daß mehr wahrgenommen werden kann, als bei einer möglichst allseitigen Wahrnehmung. Auf diese Weise macht die Psychoanalyse ernst mit dem paulinischen Satz, wonach unser Erkennen Stückwerk ist (1 Kor 13,12). – Zur Wahrnehmung gehört offenbar auch eine Selektion dessen, was wahrzunehmen ist und was nicht. Und Selektion beinhaltet immer schon eine Interpretation: Ich brauche zur Wahrnehmung nicht nur meine Sinnesorgane, ich brauche auch meinen Verstand; der bringt das Wahrzunehmende in Zusammenhang mit dem schon Wahrgenommenen. Ich ordne das, was mir widerfährt, ein in den Horizont meiner

Erfahrungen und Erkenntnisse. Ich verknüpfe das, was mir zustößt und zufällt mit meiner Geschichte. Solches Einordnen und Verknüpfen nennen wir Verstehen. Die Frage nach dem Verstehen wird zur Frage nach dem Horizont. Nehmen wir nochmals die Psychoanalyse als Exempel: Was der Mann im Sessel von dem auf der Couch Liegenden zu hören bekommt, wird gedeutet in der Weise, daß er es in einen Zusammenhang hineinstellt. Das sprachlich Mitgeteilte wird verknüpft mit der Vergangenheit, es wird im Horizont frühkindlicher bzw. frühmenschlicher Erfahrung gesehen und auf diese Weise geklärt. Im Zusammenspiel von Analytiker und Patient wird der Zusammenhang der sprachlichen Mitteilung mit der frühkindlichen Erfahrung einsichtig, und diese Evidenz bringt – wenn ich so sagen darf – dem Patienten Erleuchtung und damit Heilung. – In der Analyse kommt es – wenn ich sie recht verstehe – zu einer Art Wiedergeburt durch Erinnerung. – Was an Freud fasziniert: er hat den Menschen neu gesehen, indem er ihn in einer Dimension sah, die vorher so nicht gesehen wurde. Er sieht den Menschen, indem er ihn anleitet, frei zu assoziieren, sich den Einfällen zu überlassen. Er sieht den Menschen, indem er auf ihn hört, und er sieht den Menschen, indem er über ihn hinaussieht in das Land seiner Kindheit bis hin zu den Küsten, an denen menschliche Geschichte begann. – Das Geheimnis der Psychoanalyse besteht offenbar in der Kunst der Verknüpfung; das Leiden wird in Zusammenhang gebracht mit dem, was in den Assoziationen und Traumerzählungen aus der Vergangenheit an den Tag kommt. Damit bestätigt und überholt Freud den Satz eines Freundes von Hiob: »Wir sind von gestern her und wissen nichts« (Hiob 8,9).
Ich nehme nun das an der Psychoanalyse Aufgezeigte als Modell zur Erläuterung theologischer Wahrnehmung. Sicherlich geht es auch in der seelsorgerlichen Begegnung zunächst um eine sinnliche Wahrnehmung. Wie aber selektiere ich? Nach welchem Gesichtspunkt und wie nehme ich den anderen wahr? Und was bedeutet jetzt die reformatorische Sicht des Menschen? Vermutlich kam sie aufgrund einer besonderen Selektion zustande.

IV. Seelsorge als Sehakt

1. Der einzelne im Horizont des Immanuel

Die Thematik Seelsorge und Psychologie einerseits und die traditionelle Seelsorge andererseits verführen uns zu einer isolierten Wahrnehmung des Menschen im Horizont seiner religio privata. Wenn wir von einem Hinweis auf Freud herkommend nach seelsorgerlicher Wahrnehmung fragen, sind wir zusätzlich gefährdet. – Wir tun gut, die Kritik, die von marxistischer bzw. neomarxistischer Seite her an der Psychoanalyse geübt wurde, zu beachten, daß sie den Menschen nicht genügend als gesellschaftliches Wesen sehe, daß sie den Menschen in seiner Subjektivität isoliere. Alfred Lorenzer versucht denn auch, die Sicht des Menschen aufgrund der marxistischen Gesellschaftslehre zu erweitern.

Vielleicht hilft uns auch eine Unterscheidung, die die ältere Seelsorgelehre traf, zur Vermeidung eines auf den einzelnen isolierten Seelsorgeverständnisses. Die ältere Seelsorge hat in der cura animarum unterschieden zwischen einer cura generalis und einer cura specialis.

E. Chr. Achelis z. B. beginnt nach einer Einleitung mit dieser Unterscheidung (Praktische Theologie, 1890, I, 441ff): »Die cura generalis ist der Zweck und Gegenstand der Predigt, der Katechese, der Liturgie« (442). Ihr Gegenstand ist die Gemeinde. Gegenstand der cura specialis ist »das einzelne Gemeindeglied, dem dasselbige Evangelium in seine individuellen Stimmungen, Lagen, Zerstreuungen . . . hineingebracht wird« (443).

Wir können diese Unterscheidung als Hilfskonstruktion übernehmen; sie schützt zwar nicht unbedingt vor der Isolierung des einzelnen, aber sie macht deutlich, wie sehr die Aufnahme der Psychologie in die Seelsorge zu einem verengten Verständnis von Seelsorge drängt in dem Sinne, daß wir Seelsorge ausschließlich als cura specialis verstehen. Die an der Psychoanalyse geübte Kritik gilt erst recht im Blick auf die Seelsorge, die nur zu leicht über dem einzelnen die gesellschaftlichen Probleme vergißt. Unsere Thematik verführt geradezu zu einem Verständnis des einzelnen im Sinne eines »chacun pour soi«. Und dieser Verführung

sollten wir nun gerade nicht erliegen, wenn wir uns dem einzelnen zuwenden.
Ich formuliere als These und formuliere in der Verengung, die unsere Thematik mit sich bringt und formuliere als Glaubenssatz: *Seelsorge heißt, einen einzelnen Menschen und seine Geschichte sehen in einem Zusammenhang mit der Geschichte Gottes – ein Zusammenhang, der in der Gegenwart des Geistes evident wird.* Auf eine Kurzformel gebracht lautet die These: *Seelsorge heißt, einen Menschen wahrnehmen im Horizont des Immanuel.*
Der Mensch, den der Seelsorger im Ensemble seiner Sinne wahrnimmt, wird in einen Horizont hineingestellt, der sinnlich wahrnehmbar ist zunächst nur durch das Gehör; dann auch im Essen und Trinken, vorher schon in der Berührung mit dem Taufwasser. Da wir durch die Kindertaufpraxis keine eigene bewußte Tauferfahrung haben, da Besprengung das Untertauchen ersetzt, wird sich der Horizont des Immanuel zu verbergen scheinen. Dennoch kann man sagen: Im Hören auf das Evangelium tut sich ein neuer Horizont auf, ein Horizont auch andersartiger Wahrnehmung, ein zwar unsichtbarer aber keineswegs ein sinnlich nicht wahrnehmbarer Horizont! – Der Horizont des Immanuel ist der Horizont des Schöpfungsmittlers, der Horizont dessen, in dem alles zusammengefaßt werden soll, »was im Himmel und auf Erden ist« (Eph 1,10). Der Horizont des Immanuel umfaßt die Schöpfung und die Gesellschaft so gut wie das Volk, das als neue Schöpfung und neue Gesellschaft sich bildet. Den einzelnen sehen im Horizont des Immanuel heißt, ihn in einem gemeinsamen Leben sehen: Immanuel heißt »der Gott mit uns«, nicht »der Gott mit mir«. Er ist mein Gott und mit mir, indem er mit anderen ist und ich mit ihnen. Er ist mein Gott, indem ich zu seinem Volk gehöre und auf seiner Erde wohne, geschwisterlich mit allem Erschaffenen.
Einen Menschen wahrnehmen im Horizont des Immanuel geht über alles Beobachten hinaus: das heißt den Menschen von seinem Schöpfer her sehen, heißt, ihn von dem her sehen, was er durch seinen Erlöser geworden ist, heißt, auf das hinsehen, was er durch seinen Vollender werden wird.

Einen Menschen wahrnehmen im Horizont des Immanuel heißt: ein Verborgenes entdecken, das, was noch nicht vor Augen ist, schon sehen! Ich nehme wahr, was ich zunächst nur vom Hörensagen kenne: der Mensch ist Geschöpf und sein individuelles Wesen ist verwoben ins Ganze der Schöpfung. Durch die Taufe ist er hineingetaucht in den Personzusammenhang des Erlösers, ist Glied des Leibes Christi, und als Erwählter ein unteilbar Einziger und auch Einzelner.

2. Seelsorge als Zusammenschau

Ich möchte die Sicht der Reformatoren wieder aufnehmen und weiterführen: In der Seelsorge geht es primär um eine Zusammenschau, um das Sehen eines lebendigen Menschen in seinem Zusammenhang mit dem lebendigen Gott.

Ein sichtbarer Mensch und sein unsichtbarer Gott sind zusammen zu sehen. Das primäre Problem in der Seelsorge ist dieses Sehen, das ein Sehen des Glaubens ist, und dieses Problem ist zunächst das des Seelsorgers und nicht dessen, der Seelsorge sucht. Seelsorge ist abwesend, wo der Glaube fehlt. Wo der Glaube fehlt, fehlt es am Sehen.

In der landläufigen Theologie wird das Problem des Sehens vielfach verkannt, weil man voreilig Paulus zitiert und mit 2 Kor 5,7 das Glauben gegen das Schauen setzt. Solches Festschreiben des Pauluswortes, daß wir im Glauben und nicht im Schauen leben, verrechnet nicht, daß auch bei Paulus der Glaube unterwegs ist zum Schauen.

Schon rein statistisch besteht im Neuen Testament ein Übergewicht der Verben des Sehens gegenüber den Verben des Hörens; im Verhältnis von etwa 680 Verben des Sehens zu etwa 425 Verben des Hörens. Es ist interessant, wie *Wilhelm Michaelis* im »Theologischen Wörterbuch zum Neuen Testament« diesen Sachverhalt kommentiert. Mit ängstlicher Abwehr schreibt er: »Doch besagt dies nicht, daß auch in der Beziehung zur Offenbarung das Sehen entscheidender sein müsse« (V. 346). – Eine solche Abwehr übersieht, daß das Wort Fleisch wurde und also sichtbar. Es blieb nicht bei der Stimme, darum hat das Sehen primär Gewicht. Der Begriff der Offenbarung meint zunächst eine Versichtbarung. Das deutsche Wort *»offenbar«* meint ursprünglich »ein verstärktes offen, ›das offene an sich tragend, zeigend‹« (Grimm, WB VII, 1889); für »offenbaren« nennt das Grimmsche Wörterbuch als erstes »sinnlich, aufdecken, sichtbar machen« (1174).

Den einzelnen Menschen und seine Geschichte im Zusammenhang mit der Geschichte Gottes sehen, heißt also, den Menschen und seine Geschichte in einem Horizont sehen, der ihm selbst noch verhüllt und verschleiert ist. Seelsorge heißt, stellvertretend glauben. Und das heißt, über die sinnliche Wahrnehmung hinaussehen.
Ich denke, es wird nötig sein, den Zusammenhang von Glauben und Sehen über diesen allgemeinen Hinweis hinaus am *Johannesevangelium* zu verdeutlichen; denn hier wird die Spannung von Sehen und Glauben wie nirgends sonst im Neuen Testament durchgehalten: Das Evangelium hat am Anfang und Schluß Verben des Sehens: »und wir schauten seine Herrlichkeit« heißt es im Prolog (1,14). Es gipfelt in der Thomaserzählung: »Jesus sagt zu ihm: Weil du mich gesehen hast, hast du geglaubt. Selig sind die, welche nicht gesehen und doch geglaubt haben« (20, 29). – Das Glauben wird mit dem Sehen parallel gesetzt. Das Sehen ist für Thomas die Voraussetzung des Glaubens. Selig werden aber die gepriesen, die ohne zu sehen glauben, denn sie sehen durch das Nichtsehen hindurch. Glauben ist ein Sehen von etwas, das in Jesus Christus sichtbar wurde und bei seiner Parusie sichtbar werden wird und jetzt in der Gemeinde zum Vorschein kommt. – Die Verben des Sehens werden oft doppelsinnig gebraucht im Sinne von »sehen mit den Augen«, also sinnlich wahrnehmen und »betrachten im Glauben«; sehen kann Ursache des Glaubens sein, wie bei Thomas, wie denn auch dem Glauben das Sehen verheißen wird: »Wenn du glaubest, wirst du die Herrlichkeit Gottes sehen« (11,40). Dem Glauben ist das Sehen versprochen. – Die Doppelsinnigkeit des Verbums »sehen« kommt vielleicht am deutlichsten zum Ausdruck in den Abschiedsreden: »Noch eine kurze Zeit, so sieht die Welt mich nicht mehr; ihr aber seht mich, denn ich lebe und auch ihr werdet leben« (14,19).
In der Seelsorge geht es um eine neue Art des Sehens. Es geht darum, den Menschen so zu sehen, wie die »Welt« – und das ist auch die Welt meiner Sinnesorgane – ihn nicht sehen kann: nämlich als einen Menschen, für den Christus lebt, als einen Menschen, der in Christus ein neues Leben

hat. Das konkret Sichtbare mit dem Sehen des Auferstandenen zu verquicken, den Auferstandenen vor und hinter dem sichtbaren Menschen zu »sehen«, das ist Seelsorge. In ihr geht es um ein Sehen im Doppelsinn, um ein Beobachten des Sichtbaren und ein Sehen im Vorschein des Kommenden. Das primäre Problem der Seelsorge als Akt des Sehens ist der Glaube des Seelsorgers. In der Begegnung mit seinen Mitmenschen glauben, das ist das Schwerste in der Seelsorge: In der Gegenwart eines Zeitgenossen Jesus als Zeitgenossen festhalten.

Wir können hier von *Johannes Calvin* lernen. Er bemerkt zu Johannes 14,19: »Wenn ich, so spricht er, den Blicken der Welt entzogen bin, werde ich doch bei euch sein. Wenn wir aber diesen verborgenen Anblick Christi genießen wollen, dann dürfen wir nicht mit fleischlichen Sinnen darüber urteilen, ob er gegenwärtig ist oder nicht. Vielmehr müssen wir die Augen des Glaubens darauf richten, seine Kraft zu erblicken. So kommt es, daß die Gläubigen Christus durch den Geist stets bei sich haben und anschauen, wie weit sie auch leiblich von ihm getrennt sein mögen« (Auslegung der Heiligen Schrift, Neue Reihe 14, 1964, 360).

Von Calvin her kann man sagen: Voraussetzung evangelischer Seelsorge ist das Genießen des verborgenen Anblicks Christi. Insofern dies fehlt, fehlt es am Evangelischen in der Seelsorge. Man kann auch sagen: Das primäre Problem der evangelischen Seelsorge ist die Geistesgegenwart. Das erste, was wir in der Seelsorge lernen müssen, ist, »die Augen des Glaubens darauf richten, seine Kraft zu erblicken«.
Der Doppelsinnigkeit des Sehens bei Johannes entspricht die Aussage des *Paulus*. In Schranken gehalten von der Liebe Christi ist Paulus zu dem Urteil gekommen, »daß einer für alle gestorben ist, also alle gestorben sind« (2 Kor 5,14). Das hat Folgen: »Und er ist für alle gestorben, damit die, welche leben, nicht mehr sich selbst leben, sondern dem, der für sie gestorben und auferweckt worden ist«. Die erkenntnistheoretische Folgerung, die Paulus zieht, deutet auf eine Reduktion der Wahrnehmung ohnegleichen: »Somit kennen wir von jetzt an niemand nach dem Fleisch, . . .« (5,16). – In diesem Satz liegt die magna charta einer Seelsorge, die sich am Neuen Testament und an den Reformatoren orientiert. Hier leuchtet eine Erkenntnis des

Menschen auf, die unsere Psychologie überholt und den anderen in der Geschichte von Karfreitag und Ostern entdeckt.
Wenn wir in der Psychoanalyse eine ungeheure Reduktion der Wahrnehmung feststellen und sehen, daß diese Reduktion offenbar zum Geheimnis ihrer Wirkung gehört, dann leuchtet ein, daß auch die Kraft der Seelsorge in einer Reduktion besteht; nicht auf Faktenwissen kommt es an, sondern auf das Entdecken eines Menschen in der Perspektive der Kraft des Auferstandenen. – Aber nun sind unsere Augen vielleicht blind oder abgelenkt. Wir fragen, wie es denn möglich sei, die Augen des Glaubens auf die Kraft des Auferstandenen zu richten? – Wenn das primäre Problem der Seelsorge den Glauben des Seelsorgers darstellt, dann ist der Seelsorger selber der primär Seelsorgebedürftige, und er hört nicht auf, der Seelsorge bedürftig zu sein: Man kann feststellen, daß Seelsorger dadurch zum Seelsorger werden, daß sie Seelsorge suchen und erfahren. Ich denke da an die Bedeutung von Staupitz für den jungen Luther, an die Begegnung von Eduard Thurneysen mit Blumhardt. Man kann Seelsorge nur lernen in der Weise, wie man Seelsorge sucht, Seelsorge an sich ausüben läßt.
Wiederum ist auf die Parallelität mit der Psychoanalyse hinzuweisen. Für die Ausbildung zum Analytiker erscheint wesentlich die Lehranalyse. Als ich zu Beginn meiner pfarramtlichen Tätigkeit mit einem Kreis von Psychiatern in Kontakt kam, staunte ich über die Intensität, mit der sie untereinander über ihre Arbeit im Gespräch waren.

Bei *Lorenzer* lese ich, »daß die Analyse fast ausnahmslos nur dort gedeiht, wo Gruppen von Analytikern in fortlaufenden kasuistischen Seminaren organisiert sind« (aaO. 165).

Wenn die Seelsorge der Pfarrer weithin im argen liegt, hängt dies zu einem Teil daran, daß sie ohne Seelsorge leben. Bonhoeffer sagt das sehr präzis: »Jeder Seelsorger braucht einen Bruder als Seelsorger. Nur wer selber Seelsorge erfahren hat, kann Seelsorge üben. Das ist ein Wesensgesetz der Kirche« (GS V, 403).
In der Parallelität der Art und Weise des Wahrnehmens

wird sofort auch die Differenz zwischen seelsorgerlichem und analytischem Wahrnehmen deutlich: Beidemal wird der Mensch wahrgenommen auf etwas hin, was er selbst nicht sieht. Was sichtbar bzw. hörbar wird, wird auf ein Verborgenes zurückgeführt, in der Weise, daß das Verborgene ans Licht kommen soll. – In der Psychoanalyse ist das Verborgene die frühkindliche bzw. frühmenschliche Vergangenheit. In der Seelsorge ist das Verborgene eine Geschichte, die außerhalb und vor dem Menschen beginnt, in dessen Erwählung, und die im Menschen zur Vollendung kommen soll. In der Psychoanalyse kommt alles darauf an, daß im Ensemble von Analytiker und Analysand verdrängte Konflikte als solche erkannt und auf diese Weise gelöst werden können. Im Ensemble dessen, der Seelsorge übt und dessen, der sie braucht, kommt alles darauf an, daß der Zusammenhang von Gottesgeschichte und Menschengeschichte, wie er im Kreuz zum Vorschein kam, durch den Geist evident gemacht wird.

Weil das entscheidende Werk das des Immanuel in der Gegenwart des Geistes ist, darum kommt dem Gebet des Seelsorgers, der Schriftmeditation sowie dem brüderlichen Gespräch, in dem er sich vom Geist leiten läßt, entscheidende Bedeutung zu (vgl. unten VI).

Vorläufig kann ich formulieren: Wie in der Psychoanalyse die Wirklichkeit des Patienten verändert werden soll, indem ihm die entfallene Wirklichkeit, das Verdrängte, ins Gesichtsfeld gerückt und bewußt gemacht werden soll, so soll die sichtbare Wirklichkeit des anderen verändert werden dadurch, daß der andere aus seiner Isolierung in die Gegenwart des Geistes gerückt wird. Solche Veränderung fängt damit an, daß ich ihn so sehe, wie er sich selbst nicht sieht.

Was ich hier im Blick auf die Seelsorge verhandle, ist relevant erst recht im Blick auf die *Mission.* Ich zitiere anhangsweise eine katholische Stimme, die unserem Thema nochmals andere Akzente setzt.

Albert Peyriguère, etwa dreißig Jahre unter Berbern lebend, schreibt: »Meine Arbeit über die geistliche Lehre für Missionare geht voran, aber nur langsam. Es öffnen sich immer wieder neue Horizonte; man muß jedes

Wort abwägen, was aber sehr anregend ist. Im Grunde geht es um nicht mehr und nicht weniger als um Christus vor den Nichtchristen und die Nichtchristen vor Christus. Es geht darum, zu zeigen, daß sie durch die Menschwerdung Brüder Christi dem Fleische nach sind, daß diese fleischliche Verwandtschaft nicht rein statisch ist, sondern in ihnen dynamisch wirkt, um sie zu der geistlichen Verwandtschaft zu führen, die die heiligmachende Gnade ist. Und als Brüder Christi, der sich uns vollständig gegeben hat, sind sie dann auch unsere Brüder. Lassen wir ihn sich immer mehr entfalten; er soll nicht angekettet, nicht geknebelt in uns sein; lassen wir ihn sprechen, lassen wir ihn allein sprechen, lassen wir ihn in uns alles unterdrücken, damit er allein in uns sei! Das alles in Frieden; das wahre Glück jedoch besteht in der Demut, sich zu nehmen, wie man ist, beschämt zu sein, Christus in uns, so wie wir sind, zu beherbergen, ihm nichts anbieten zu können, aber ihn zu bitten, sich in uns eine angemessene Wohnung herzurichten. Das alles ohne Unruhe und Entmutigung, aber auch ohne alle Weichheit und Resignation, die an keinen Sieg glaubt; wir bieten uns an, mit ihm zu arbeiten, ihm die Wohnung unserer Seele herzurichten, wir mit ihm und er mit uns« (Von Christus ergriffen, 1967[4], 148 f).

V. Rechtfertigung und Seelsorge

Ich montiere vor den Hintergrund der Psychoanalyse die Sätze von Thurneysen aus »Rechtfertigung und Seelsorge« (ZZ 1928): »Seelsorge ist nicht Sorge um die Seele des Menschen, sondern Sorge um den Menschen als Seele. Und wir verstehen darunter: der Mensch wird auf Grund der Rechtfertigung gesehen als der, den Gott anspricht in Christus. Dieses Sehen des Menschen als eines, auf den Gott seine Hand gelegt hat, das ist der primäre Akt aller wirklichen Seelsorge. Solches Sehen hat freilich – das muß von Anfang an mit aller Deutlichkeit ausgesprochen werden – nichts zu tun mit irgend einer psychologischen Feststellung. Es ist ein reiner Akt des Glaubens« (209).
Wir lassen hier die Abgrenzung Thurneysens gegenüber der Psychologie auf sich beruhen. Sie ist ebenso fragwürdig wie die Entgegensetzung »Seele des Menschen« und »Mensch als Seele«. – Nehmen wir die Psychoanalyse als Beispiel, um Thurneysen zu interpretieren. Freud nimmt den Menschen wahr im Horizont seiner Frühgeschichte. Die Seelsorge nimmt den Menschen wahr im Zusammenhang mit seiner Gottesgeschichte, die lange vor der frühen Kindheit sich

ereignete: »Dieses Sehen des Menschen als eines, auf den Gott seine Hand gelegt hat, ist der primäre Akt aller wirklichen Seelsorge.«
So wie der Mensch seine Frühgeschichte vergessen, verdrängt hat, so weiß der Mensch nichts von seiner Geschichte, die er mit dem Dreieinigen hatte, hat und haben wird. – So wie in der Psychoanalyse nun alles daran hängt, daß diese Frühgeschichte in den Träumen sich äußert und vom Analytiker zur Sprache gebracht wird, damit der Patient sein Heute im Zusammenhang mit seinem Gestern verstehen lernt, so hängt in der Seelsorge alles daran, daß das Heute von seiner Gottesgeschichte her verstanden werden kann. Ich möchte sie hier einmal übungshalber als »Urgeschichte« bezeichnen. Von dieser Geschichte kommt er her; auf diese Geschichte geht er zu.
Hier müssen wir einen Unterschied feststellen zwischen Psychoanalyse und Seelsorge: Der Psychoanalytiker sieht den Menschen im Horizont von dessen Frühgeschichte. Der Seelsorger sieht den Menschen im umgreifenden Horizont von dessen »Urgeschichte«. Wenn der Analytiker Christ ist, wird er seinen Patienten nicht bloß im Zusammenhang mit dessen eigener Frühgeschichte sehen, er wird ihn im Akt des Glaubens sehen als einen Menschen, »auf den Gott seine Hand gelegt hat«. Wenn Gott seine Hand auf einen Menschen legt, dann ist er in Beschlag genommen, dann tut Gottes Hand auch etwas mit dem Menschen, und in diesem »Etwas« liegt das Geheimnis seiner Vergangenheit wie seiner Zukunft; das ist das Geheimnis seines Sünderseins und seine Heiligkeit. Beides kann der Mensch nicht aus sich selbst erkennen. Beides bestimmt aber seine Gegenwart.

Luther führt in einem Zusatz zu Röm 3,4 die Selbsterkenntnis auf das Aussichheraustreten Gottes zurück: »Denn wenn Gott nicht zuerst aus sich herausginge und darnach trachtete in uns wahrhaftig zu werden, könnten wir nicht bei uns selbst einkehren und Lügner und Ungerechte werden. Denn der Mensch hätte nicht aus sich selbst wissen können, daß er so vor Gott dasteht, wenn es ihm Gott nicht selbst offenbarte« (Ausgewählte Werke II, hg. von H. H. Borcherdt und G. Merz, 1957[3], 99).

Die Erkenntnis der Sünde hat der Mensch nicht aus sich heraus. Der natürliche Mensch weiß nicht, was Sünde ist. Er ist kein Sünder. Er wird erst ein Sünder, um es nicht mehr zu sein. – Zweifellos hat man sich in der Tradition der Reformatoren in der Anthropologie mehr am Rückblick statt am Ausblick orientiert. In der reformatorischen Tradition hat man darum sehr viel von der Sünde geredet, bis man auf einmal nicht mehr wußte, was Sünde ist. Ich denke, es wird besser sein, den Menschen auf seine Zukunft hin zu sehen. Die Wahrnehmung des Menschen geschieht im Blick auf das neue Sein.

Das seelsorgerliche Sehen ist kein berufsspezifisches Sehen. Wir brauchen keinen besonderen Pfarrerblick. Wenn Thurneysen dieses Sehen als reinen Akt des Glaubens bezeichnet, dann präzisiert er: »es ist der Akt des Glaubens . . . der allen andern Glaubensakten zu Grunde liegen muß, der eine Akt des Glaubens, durch den die Menschen unter die Gnade kommen und dadurch unsere Nächsten werden« (209).

Ich bin mir nicht sicher, ob Thurneysen sich klar war über die ekklesiologische Tragweite eines solchen Satzes; er besagt nichts anderes als dies: Im Sehen des anderen konstituiert sich die communio sanctorum. Im Sehen beginnt doch wohl das Zusammenspiel zweier Menschen, das wir Interaktion nennen. Im Sehen, im Ansehen, in der Liebe auf den ersten Blick – wenn ich so sagen darf – kommen die Menschen unter die Gnade.

VI. Zur Methodik des neuen Sehens

Ich erinnere nochmals an meine These: »Seelsorge heißt, einen einzelnen Menschen und seine Geschichte sehen in einem Zusammenhang mit der Geschichte Gottes – ein Zusammenhang, der in der Gegenwart des Geistes evident wird.« Auf eine Kurzformel gebracht lautet die These: »Seelsorge heißt, einen Menschen wahrnehmen im Horizont des Immanuel.«

Wir erinnern uns an die paradoxe Gegenüberstellung, »daß der Mensch nicht vom Menschen erkannt werden kann«, daß der Psychoanalytiker das Vernommene zusammenbringt mit dem Wissen von der Vorgeschichte. Wir haben

Seelsorge verstanden als Zusammenschau: Wie lernen wir nun das Sehen?
Der Geist, mit dessen Gegenwart wir rechnen, ist – so wenig wie der Immanuel – ein Prinzip, sondern eine Person, und damit wird der Zusammenhang zwischen psychoanalytischer und seelsorgerlicher Wahrnehmung erheblich gestört und aufgebrochen. Die Wahrnehmung des Menschen in der Seelsorge ist nicht so sehr Akt der Gnosis meinerseits, als vielmehr ein Akt des Zeigens und Mitteilens von seiten Gottes. Ohne Offenbarung kann ich den Menschen nicht in seinem Unverborgenen, in seiner Wahrheit sehen.
Es lohnt sich noch einmal, Thurneysens Sätze zu buchstabieren mit der Frage, wie wir denn zu dem neuen Sehen kommen? » . . . Dieses Sehen des Menschen als eines, auf den Gott seine Hand gelegt hat, das ist der primäre Akt aller wirklichen Seelsorge . . . – es ist der Akt des Glaubens . . . der allen andern Glaubensakten zu Grunde liegen muß, der eine Akt des Glaubens, durch den die Menschen unter die Gnade kommen und dadurch unsere Nächsten werden.«
Hier wird noch einmal deutlich, daß das primäre Problem der Seelsorge der Glaube ist, der nicht allgemein an einen Gott glaubt, sondern konkret den Gott Israels, der in Jesus zur Welt kam, vis-à-vis eines besonderen Menschen in einer besonderen Situation, vis-à-vis eines sinnlich wahrnehmbaren Menschen also.
Nun stellt sich die Frage: Wie soll ich glauben, wenn ich nichts vor Augen habe als den Unglauben des anderen und meinen eigenen Unglauben? Jesus antwortete auf solche Fragen mit der Seligpreisung dessen, der nicht sieht und doch glaubt (Joh 20,29).
Wir können von daher unsere These erläutern, indem wir schon Angedeutetes wieder aufnehmen: Das Sehen eines Menschen und seiner Gottesgeschichte lerne ich im Hören auf die Erzählung der Gottesgeschichte. Der Glaube aus dem Nichtsehen heraus auf das Sehen hin ist der Glaube, der gehört hat. Im Hören lernen wir das Sehen. Der Glaube, der sieht, was der Unglaube nicht sieht, kommt aus dem Gehör. Wir lernen sehen, indem wir das Gehörte im Gehör behalten

und ihm Gehör verschaffen. Man kann sagen: Die *Meditation der Schrift* ist die Sehschule der Seelsorge (vgl. dazu *R. Bohren*, Seligpreisungen der Bibel – heute, 1974[3], 9 ff; Predigtlehre, 1980[4], § 21).

Mit vollem Recht hat *Joachim Scharfenberg* darauf hingewiesen, daß »das Problem des Einbringens der biblischen Überlieferung in das Seelsorgegespräch . . ., als eine dringliche Aufgabe für Theorie und Praxis der Seelsorge« anstehe (EvTh 38, 1978, 126). Nur meine ich, das Problem sei – wenn ich so sagen darf – noch zu technisch, zu vordergründig gesehen. Nicht erst ins Seelsorgegespräch ist die Heilige Schrift einzubringen.

Die Schrift soll dem Seelsorger zur Wahrnehmung verhelfen, soll ihm helfen, den Menschen in seiner Wahrheit zu sehen. Diese Wahrheit ist eine Geschichte, die Geschichte Abrahams, so gut, wie die des Auszugs aus Ägypten, die Geschichte des Zöllners Levi, so gut, wie die des Pharisäers Saulus auf dem Wege nach Damaskus. Der Mensch ist wahr nicht ohne diese Geschichten. Alle Assoziationen und alle Träume des Menschen gehören in den Horizont dieser Geschichten. Kein Mensch ist ohne die Geschichte Israels und ohne die Geschichte des Jesus von Nazareth und seiner Apostel. Kein Mensch, der dir begegnet, ist ohne diese Geschichte. Seine Seelsorgebedürftigkeit besteht wohl darin, daß er sich selbst noch nicht in dieser Geschichte, die eine Bundesgeschichte ist, vorfindet.
»Nos in verbum suum, non autem verbum suum in nos mutat«, sagt Luther. Er wandelt uns in sein Wort, nicht aber wandelt er sein Wort in uns (Luthers Vorlesung über den Römerbrief 1515/16, von Johannes Ficker, 1930[4], II, 65). Damit wird unser landläufiges Verständnis von Hermeneutik umgedreht. Nicht brauchen wir dem Menschen das Wort mundgerecht zu machen. Wohl aber soll der Mensch wortgerecht werden. Nicht soll das Wort ans Ufer des Menschen gebracht werden, sondern der Mensch soll an der Küste des Wortes wohnen. Die Mutation des Menschen aber fängt damit an, daß ich ihn nicht mehr so sehe, wie ich ihn erfahre, sondern so sehen lerne, wie er von Gott gemeint ist. – »Nos in verbum suum, non autem verbum suum in nos mutat«: In der Meditation der Schrift wird der Mensch in seiner Mutationsmöglichkeit wahrgenommen. Im Wahr-

nehmen des Wortes nehmen wir wahr, was der Mensch werden soll und werden kann. Im Wahrnehmen des Wortes nehmen wir seine Möglichkeit wahr, da kennen wir niemanden mehr nach dem Fleische.

Bei Hans *Joachim Iwand* lese ich den Satz: »Der Mensch und das Wort Gottes – sie können beide nicht statisch einander gegenüberstehen, das eine verwandelt das andere ständig in sich, entweder der Mensch verwandelt Gott und sein Wort in seine Welt und seine Art, oder umgekehrt, Gott verwandelt uns in sein Wort und in seinen Geist« (Um den rechten Glauben, 1959, 245).

Wir stehen in der Seelsorge immer wieder vor dem Entweder–Oder, daß wir aus Gott um des Menschen willen einen Götzen machen, der brauchbar wird und domestizierbar für den Menschen, oder daß Gott uns zu Worten macht und uns zu Geist macht.
Wir verstehen vielleicht jetzt, warum Luther sagen kann, daß er Einsicht hat in den Menschen, weil er durch Gottes Gnade die Bibel hat. Wahrnehmung des Menschen geschieht in der Zusammenschau des Menschen mit der Schrift und wer den Menschen mit der Schrift zusammen sieht, bleibt ihm gegenüber nicht sprachlos, er kann für ihn auch die Bibel aufschlagen; denn die Schrift lehrt uns die Geschichte Gottes und die Geschichte des Menschen zusammensehen. – Wenn es eine Methodik des neuen Sehens gibt, dann ist es die im Hören auf das Wort der Schrift. Und in diesem Hören kommt es zu einer Reduktion der Wahrnehmung. So wie in der Psychoanalyse die Reduktion zur Deutung und Veränderung hilft, so soll in der Seelsorge die Konzentration auf die Bibel zum Neuwerden helfen, zur Mutation ins Wort. Die schlafende Mutter wacht darauf, daß das Wort wach werde für den Menschen und der Mensch für die viva vox.
Ich spreche hier im Rahmen der Seelsorge vom Lesen der Bibel. Wenn der Theologe – wie Martin Kähler sagt – ein Christ ist für andere, dann wird er auch für andere die Bibel lesen in der Weise, daß er selbst als Seelsorgebedürftiger sie zunächst für sich selbst liest. Die Seelsorge hat also ein verborgenes Tun, eine geheime Rückseite, die nicht versteckt bleibt und die im Umgang mit der Schrift ihr Wesen

hat. – Ich glaube, daß die evangelische Seelsorge deshalb so wenig evangelisch und so wenig effektiv ist, weil wir weithin vergessen haben, daß ein Fürlesen und Fürmeditieren der Schrift zur Fürbitte gehört und dieser erst die Richtung weist.

Es leuchtet ein, daß solche Übung auch eine psychologische Wirkung hat. Meine Beziehungen zu einem konkreten Menschen werden dadurch entlastet, daß nicht mehr die Gefühle hin und her, das Spiel von Übertragung und Gegenübertragung die Beziehung bestimmen, sondern ein von außen kommendes Wort. Die Gemeinschaft bleibt dann immer noch auch eine psychische, aber sie wird nicht von der Psyche, sondern vom Pneuma regiert.

Ich möchte die Bedeutung des Schriftgebrauches für den Seelsorger deutlich machen an einem Sonderfall der Seelsorge, der alltäglich ist, an der Begegnung mit dem Ungläubigen. Wenn der Seelsorger dem Unglauben begegnet, kommt er in die Versuchung, jetzt das Wort dem Unglauben anzupassen; er kann dem Unglauben nur zu leicht recht geben, weil er ihn ja auch in sich selber kennt. Auch verfügt der Unglaube über ein eindrückliches Imponiergehabe. Läßt sich der Glaube aber vom Unglauben imponieren, ist er schon verloren; damit wird das bißchen Glauben des Seelsorgers durch den Unglauben des anderen verdrängt.

Hier wird deutlich, wozu die Reduktion der Wahrnehmung in der Seelsorge gut ist. Ich kann nicht glauben, indem ich dem Unglauben in mir recht gebe. Ich kann auch dem anderen nicht zum Glauben helfen, indem ich mich durch seinen Unglauben bestimmen lasse. Sein Unglaube ist seine vorläufige Blindheit dafür, daß Gott auch auf ihn seineHand gelegt hat. Sein Unglaube, das ist sein Nichtwissen dessen, was Gott mit ihm vor hat. Und darum darf ich nicht beim Unglauben stehen bleiben; vielmehr muß ich lernen, den anderen in seiner Zukunft und Möglichkeit zu sehen, also auf seinen künftigen Glauben hin. – Im Blick auf das Große, das Gott mit einem Menschen vorhat, werde ich mich von dem bißchen Widerstand gegen Gottes Vorhaben von seiten des Menschen nicht imponieren lassen.

Ich habe einmal einen Lehrer damit wütend gemacht, daß ich ihm in einem Gespräch sagte, sein Unglaube imponiere mir gar nicht und ich könne seine Zweifel so ernst nicht nehmen, wie er sie nehme. Dieser Lehrer war so aufgebracht auf mich, daß er später mein Organist wurde. – Exempla docent; aber sie sind kein Rezept. Machen Sie es nicht so. Aber lassen Sie sich vom Unglauben den Glauben nicht niederknüppeln!

Wenn ich mit Peyriguère erkenne, daß die Nichtchristen »durch die Menschwerdung Brüder Christi dem Fleische nach sind«, dann kann ihr Unglaube nicht länger imponieren. Der Unglaube ist es nicht wert, daß ich bei ihm stehen bleibe. Der Unglaube ist ein Lärm, der die Mutter – hier als Symbol der Seelsorge genommen – nicht in ihrem Schlaf stört (vgl. dazu Karl Barth, Fides quaerens intellectum, 1958, 65–67).
Ein Analytiker kann nicht nach dem klassischen Muster der Psychoanalyse Analyse treiben, wenn er nun statt auf die Einfälle seiner Patientin auf deren Haar starrt und dabei feststellt, daß ihre Haare den seinigen ähneln.
Ich sagte nicht, wir dürften den Unglauben nicht sehen. Aber im Akt der Seelsorge, in der Begegnung mit dem anderen hilft es nicht, wenn ich mich jetzt mit der Frisur seines Unglaubens befasse. Auch auf den, der noch nicht glaubt, hat Gott schon seine Hand gelegt: »Nos in verbum suum, non autem verbum suum in nos mutat«.
Das Fürlesen und Fürmeditieren der Schrift hat nicht nur eine entlastende, es hat auch eine belastende Funktion; der Leidensdruck wächst. Wir leiden an der Differenz zwischen der Verheißung des Geistes und dem betrüblichen Zustand der Welt. Es kann zur Anfechtung kommen, dergestalt, daß wir die Macht und Herrschaft des Unglaubens vor Augen – wie wir meinen – in der Abwesenheit des erhöhten Christus erfahren. Unsere Wandlung ins Wort vollzieht sich in Schmerzen. Das neue Sehen lernen wir wohl nur im Leiden, am sichtbaren Leid der Welt. Wenn wir uns dem Leiden entziehen wollen, entziehen wir uns dem Auftrag der Seelsorge. Pneumatologisches Denken ist leidendes Denken. Darum mein ceterum censeo: Der Seelsorger braucht Seelsorge. Er braucht, was der andere braucht, der zu ihm kommt, um Trost und Rat und Weisung zu suchen, das

Gespräch. Im Gespräch lernen wir das neue Sehen. Im Gespräch eröffnet sich verborgene Wahrheit. Im Gespräch geschieht die Veränderung und Verwandlung, die zur Seelsorge erst befähigt (vgl. dazu Rudolf Bohren, Geist und Gericht, 1979, 143–157). Und der Seelsorger braucht sein eigenes *Gebet.* »Trotz und Verzagtheit – das geht alles nur zugrunde im Gebet«, sagt Dietrich Bonhoeffer (GS VI, 388). Das Gebet hilft zu einer neuen Sicht des Menschen. Wenn ich den Menschen ohne meinen Trotz und meine Verzagtheit sehe, sehe ich ihn anders! – Das Gebet aber will die Hand Gottes bewegen. Da wacht die Mutter. So bittet die Urgemeinde um ein Ausstrecken der Hand. Es bedarf einer Tat Gottes, damit der Mensch, auf den Gott seine Hand gelegt hat, dies auch merkt.

Wir unterstreichen Bonhoeffers Betonung des Gebets für die Seelsorge nochmals: »Es gibt kein seelsorgerliches Gespräch ohne immerwährendes Gebet zu Gott« (GS V, 370). Seelsorge als stellvertretendes Glauben beginnt mit der Fürbitte. In der Fürbitte sind die Augen des Glaubens darauf aus, daß die Kraft des Auferstandenen am anderen zum Vorschein komme.

Es bedarf einer Gottestat, damit der Mensch den Menschen erkenne. Wir erinnern uns an Zwinglis Äußerung: »Von Gott also, dem Menschenschöpfer, müssen wir die Erkenntnis des Menschen erbitten, so gut wie die Gotteserkenntnis« (44). Ich begegne dem anderen mit dem Vorurteil, daß ich ihn aufgrund meiner sinnlichen Wahrnehmung in der Begegnung mit ihm, aufgrund meines Eindruckes nicht kenne. Die Begegnung des Seelsorgers mit dem Seelsorge-Suchenden unter dem Vorzeichen des Nicht-Erkennens bringt dem Seelsorger psychologisch eine Entlastung. Sie bewahrt den Seelsorger vor Hochmut und Angst.

Wir tun gut, uns zu erinnern, daß zum rechten Beten die Gewißheit seiner Erhörung gehört. Das Gebet ist einPhänomen allgemeiner Religionsgeschichte: auch die Heiden beten. Das Spezifische des christlichen Betens ist seine Erhörungsgewißheit. Darin unterscheidet sich das christliche vom heidnischen Beten. Der Name, der angerufen wird, ist der Name dessen, der hört und erhört. – Und das heißt, daß Gott dem Beter Macht einräumt auch über sich selber. Gott hat sich den Betern verpflichtet in einer Art Eidgenossenschaft höherer Ordnung.

Wo *Karl Barth* über »die Vollkommenheit der göttlichen Freiheit« spricht und im besonderen über »Gottes Beständigkeit und Allmacht«, formuliert er den Satz: »Man darf vor dem Ausdruck nicht zurückschrecken: es gibt auf Grund der Freiheit Gottes selbst eine Bestimmung Gottes durch das Gebet des Glaubens« (KD II, 1, 1958[4], 574).

Darum ist die Zusammenschau der Geschichte des Menschen mit der Geschichte Gottes ein höchst effektives Tun. Ein Zusammenzählen. Fürbitte zählt. – Weil man praktische Theologie nicht ohne Praxis betreiben kann, möchte ich Ihnen eine Sehübung empfehlen. Eine Übung an Hand des apostolischen Glaubensbekenntnisses; im Credo haben wir eine Verdichtung der Gottesgeschichte, eine Zusammenfassung der Heiligen Schrift, und wir haben in ihm einen Gebetstext. In analoger Weise kann man auch einen anderen Text, z. B. einen Bibelvers, nehmen.

1. Lesen Sie heute abend nochmals die These und versichern Sie sich, daß Gott Ihnen gegenwärtig ist. Damit machen Sie nicht Autosuggestion, vielmehr entdecken Sie eine vergessene und verdrängte Wirklichkeit.
2. Vergegenwärtigen Sie sich die Geschichte Gottes im Beten des Apostolikums, stellen Sie sich einen Menschen vor, dem Sie heute begegnet sind und stellen Sie diesen ins Credo. Verbinden Sie jede Einzelheit der Gottesgeschichte mit diesem einen Menschen. Haben Sie diesen Menschen gesehen als solchen, auf den Gott seine Hand gelegt hat, werden Sie möglicherweise Stoff haben, die Bitte »Vergib uns unsere Schuld, wie wir vergeben unseren Schuldigern« zu beten.
3. Am Morgen machen Sie die gleiche Übung, indem Sie versuchen, einen Menschen, dem Sie voraussichtlich begegnen werden, im Credo zu sehen. Nehmen Sie ihn ins Credo hinein und beten Sie für ihn, indem Sie das Credo beten.
4. Diese Übung wird Sie möglicherweise seelsorgebedürftig machen. Sie sollen sie nicht anfangen, ohne mit jemandem einen Austausch in der nächsten Woche zu verein-

baren. – Diese Übung ist für mich selber ein Experiment. – Ich weiß, daß sie nicht ohne weiteres gelingen wird; denn auch das Gebet für einen bestimmten Menschen hat seinen Kairos. Einen Kairos haben wir nicht zu bestimmen. Vielmehr sollen wir uns bestimmen lassen, vom Auftrag zur Fürbitte. Und hier müssen wir auch Geduld haben mit uns selber, wenn die Übung nicht gleich gelingt. Wo aber die Übung gelingt, wird das Gelingen Sie in die Freude führen.

Wir erinnern uns, wie simpel das äußere Arrangement der Psychoanalyse ist: »Der Patient liegt auf der Couch und der Analytiker hat in einem Sessel dahinter Platz genommen.« Die Seelsorge kann auch auf dies Mobiliar verzichten. Was sie braucht, ist ein offenes Buch und gefaltete Hände. So einfach ist Seelsorge. Alle Schwierigkeiten, die wir mit ihr haben, reduzieren sich letztlich auf die Schwierigkeit mit dem so Einfachen.